DEUTSCH 2
Grammatik

W0297977

Kompetent AUFSTEIGEN ...

2. Klasse AHS • NMS

Margit Pieler / Günter Schicho

G&G

Symbolerklärung

Ü 1

Übungsaufgabe:
Die Übungen sind fortlaufend nummeriert, sodass du sie auch im Lösungsteil für die Kontrolle leicht wiederfindest. Einige Übungen kannst du im Buch erledigen (z. B. Ausfüllen von Lückentexten, Einsetzen in Spalten, Unterstreichen im Text), für andere Übungen ist es aber ratsam, dass du dir ein kleines Übungsheft anlegst.

In einem solchen Kästchen findest du **wichtige Kurzinformationen** und **leicht verständliche Erklärungen** zum jeweiligen Thema.

Wichtiger Merksatz! Guter Tipp! Merk dir das gut!

Wenn du Übungen in dieser Schrift siehst,
sind in den Texten Fehler enthalten, die du richtigstellen sollst!

Dem Buch ist ein Lösungsheft beigelegt, in dem alle Übungen dieselbe Nummer haben wie im Buch und genau ausgearbeitet sind.

www.ggverlag.at

ISBN 978-3-7074-1847-7

In der aktuell gültigen Rechtschreibung

1. Auflage 2015
Illustrationen: Elena Obermüller
Printed by Drukarnia Interak Sp. Z o.o., Czarnków, Polen

Liebe Schülerin! Lieber Schüler!

Du hältst ein Übungsbuch in der Hand, das dir helfen soll, den Lernstoff wirklich zu verstehen und mit einer besseren Note in Deutsch in die nächste Klasse aufzusteigen.
Wahrscheinlich hat dir deine Lehrerin/dein Lehrer empfohlen, Grammatik oder Rechtschreiben zu üben. Das kannst du mit dem vorliegenden Übungsbuch besonders gut! Denn die Übungen sind abwechslungsreich und machen Spaß, weil du schnell erste Erfolgserlebnisse hast. Bald wirst du merken, wie viel du schon gelernt hast und dass dir jetzt manches leichter fällt.

„Kompetent AUFSTEIGEN in Deutsch 2 – Rechtschreiben" und „Kompetent AUFSTEIGEN in Deutsch 2 – Grammatik" enthalten den wichtigsten Stoff der 2. Klasse AHS und NMS.
Zu jedem Thema gibt es sehr einfache Merksätze und leicht verständliche Kurzinformationen.
Danach folgen Übungen in unterschiedlichen Schwierigkeitsgraden.
Die Übungen helfen dir, **Sicherheit zu gewinnen** und **dein Wissen richtig anzuwenden**.
Nach jedem Kapitel gibt es einen Schlusstest sowie einen Kompetenz-Check, wo du selbst ankreuzt, was du schon kannst.
Du kannst übrigens auch allein üben, denn alle Übungen sind im Lösungsteil genau ausgearbeitet.

Wir wünschen dir viel Erfolg beim kompetenten AUFSTEIGEN in Deutsch!

Liebe Eltern!

Sie halten ein Übungsbuch in der Hand, das die Deutschkenntnisse Ihres Kindes mit **einfachen Übungen** und **leicht verständlichen Merksätzen** verbessern kann.
Die beiden Bücher „Kompetent AUFSTEIGEN in Deutsch 2 – Rechtschreiben" und „Kompetent AUFSTEIGEN in Deutsch 2 – Grammatik" sind auf die Lernziele, die Ihr Kind im 6. Schuljahr (2. Klasse AHS und NMS) erreichen soll, abgestimmt.
Die Bücher entsprechen den festgelegten **österreichischen Bildungsstandards**.
Sie fördern die **Selbsttätigkei**t Ihres Kindes und helfen ihm, die geforderten **Kompetenzen** zu erlangen.
Deshalb sind die Bücher so aufgebaut, dass ein Selbststudium durch die Lernenden möglich ist.
Hilfe und Interesse seitens einer Lernbetreuung sind aber immer gut!

Zum Umgang mit diesem Buch:
Die Übungen der einzelnen Kapitel sind mit steigendem Schwierigkeitsgrad angelegt, sodass die Lernenden von leichten Anfangsübungen schrittweise zu komplexeren Aufgaben geführt werden.
Jedes Kapitel wird mit einem einfachen Theorieteil eingeleitet. In schrittweisen Erklärungen und mit leicht verständlichen Kurzinformationen werden die theoretischen Voraussetzungen für die folgenden Übungen gelegt.
Die Übungen werden jeweils genau beschrieben und sehr oft beispielhaft vorgearbeitet. Die Antworten können meistens gleich direkt ins Buch geschrieben werden. Für manche Übungen ist ein Übungsheft notwendig.
Im Lösungsteil ist jede Übung komplett ausgearbeitet. Die Beispiele sind so gewählt, dass sie **eindeutig zu lösen** sind und das Kind **eine sichere Kontrolle** hat.
Die Übungsbücher sind **lehrbuchunabhängig** und können neben jedem Schulbuch verwendet werden.
Sie können auch als Nachschlagewerk bei etwaigen Fragen zu Grammatik und Rechtschreibung dienen.
Zur Festigung und weiteren Überprüfung können die Übungstexte der beiden Bände für kurze Diktate verwendet werden.
Bei Schülern mit Schwierigkeiten in Deutsch kann durch das Hinführen zum Verständnis von grammatikalischen und orthografischen Zusammenhängen und durch gezieltes Üben eine merkliche Verbesserung erreicht werden. Diese beiden Übungsbände helfen dabei!

Viel Erfolg wünschen Ihrem Kind

Margit Pieler und Günter Schicho

Inhalt

Wortlehre

Die Wortarten im Überblick

Von diesen Wortarten hast du im letzten Schuljahr schon einiges gehört:

Wortart	Form	Beispiele
Das Verb (Das Zeitwort)	**Personalform** (finite oder bestimmte Form) zeigt an: Person Zahl Zeit starkes Verb schwaches Verb **infinite** oder unbestimmte **Verbformen**: Infinitiv (Nennform) 1. Partizip (Mittelwort der Gegenwart) 2. Partizip (Mittelwort der Vergangenheit)	 ich gehe er ging gehen – ging – gegangen turnen – turnte – geturnt gehen gehend gegangen
Das Nomen (Das Namenwort)	Einzahl/Mehrzahl Geschlecht (Artikel) 4 Fälle: Nominativ, Genitiv, Dativ, Akkusativ	Gang/Gänge
Das Pronomen (Das Fürwort)	Einzahl/Mehrzahl 4 Fälle	ich/wir seine/ihre
Der Artikel (Das Geschlechtswort)	Einzahl/Mehrzahl	der/die/das ein/eine/ein
Das Adjektiv (Das Eigenschaftswort)	starke/schwache Beugung, gebeugt/ungebeugt verwendbar, Steigerung möglich (Positiv – Komparativ – Superlativ)	bei schlechtem Wetter/ bei dem schlechten Wetter ein bunter Vogel/ Der Vogel ist bunt. reich – reicher – am reichsten
Das Adverb (Das Umstandswort)	des Ortes der Zeit der Art des Grundes	dort jetzt sehr deshalb
Die Präposition (Das Vorwort)	steht vor Nomen/Pronomen bestimmt den Fall	vor, in, durch, infolge
Die Konjunktion (Das Bindewort)	beiordnend/unterordnend verbindet Wörter oder Sätze	und, oder, dass

Überprüfe dein Wissen über die Wortarten!

Du findest hier erste Übungen, mit denen du überprüfen kannst, was du über die Wortarten schon weißt.
Vielleicht musst du einiges wiederholen und noch genauer anschauen.
Präge dir jeweils den Merksatz nach den Übungen gut ein!

Ü 1

Gib an, welche Wörter im Wortkasten Nomen sein können!
Beachte: Vor ein Nomen kannst du einen Artikel stellen.
Mache die Artikelprobe! Unterstreiche unter den angeführten Wörtern die Nomen!

KAUF – EINS – ZOG – WARNE – DOCH – WARM – SCHREIBEN –
BEDARF – ZEUGNIS – SCHÖN – LOS – BLIND

Nomen kannst du am Artikel (an der **Artikelprobe**) erkennen!

Ü 2

Gib an, welche Wörter im Wortkasten Adjektive sind!
Beachte: Adjektive kannst du steigern. Mache die Probe! Unterstreiche die Adjektive!

KLUG – LANG – BALD – DANN – GERADE – POSITIV –
DORT – SITZ – RUHIG – STOPP – WEG – RICHTIG

Adjektive können **zwischen Artikel und Nomen** gestellt werden. Sie **bestimmen das Nomen näher**. Sie können gesteigert werden.
… eine **gute** Note, der **klügere** Schüler …

Ü 3

Gib an, welche Wörter im Wortkasten Verben sein können!
Beachte: Verben kannst du in verschiedene Zeitformen setzen. Unterstreiche die Verben!

ZAHLEN – RIESEN – KOSTEN – RAHMEN – BRILLEN – PFOSTEN –
GARTEN – GRILLEN – SOHLEN – MATTEN – TRAGEN – STREICHEN

Die Stammformen sind:

Infinitiv (Nennform)	**1. Pers. Präteritum** (1. Pers. Mitvergangenheit)	**2. Partizip** (2. Mittelwort)
gehen	ging	gegangen
turnen	turnte	geturnt

Ü 4

Überprüfe, ob die unterstrichenen Wörter aus Übung 3 auch Nomen sein könnten!
Mach die Artikelprobe!

Ü 5

Gib an, welche Wörter im Wortkasten Präpositionen sind!
Nach einer Präposition folgt ein Nomen oder ein Artikel + Nomen. Mache die Probe!
Unterstreiche alle Präpositionen!

WEGEN – ÜBER – DORT – AM – GEGEN – SEHR – SEIN –
OBEN – SCHNELL – DA – INNERHALB – AUF

Auf eine Präposition folgt ein Nomen oder Pronomen, das im 2./3./4. Fall steht.
… **durch** den Schnee, **zum** Arzt, **auf** ihn …

Ü 6

Gib an, welche Wörter im Wortkasten Konjunktionen sind!
Konjunktionen verbinden Wörter oder Sätze. Unterstreiche die Konjunktionen!

UND – NUR – KAUM – WANN – WOHL – WENN – ABER –
TROTZ – GEGEN – NACHDEM – DASS – OBWOHL

Konjunktionen sind **Verbindungswörter**, sie verbinden Wörter oder Sätze.
… froh **und** munter …
Sie wird kommen, **aber** nur kurz bleiben.

Ü 7

Gib an, welche Wörter im Wortkasten Adverbien sind!
Adverbien kannst du nicht abwandeln, sie verändern sich nicht – von wenigen Ausnahmen abgesehen. Sie geben einen Umstand an. Unterstreiche alle Adverbien!

Du erfragst sie mit: Wann? Wo? Wie? Warum?

HEUTE – SCHNELL – WEGEN – VIELLEICHT – NIE – SCHLECHT –
BUNT – DORT – SODASS – OBEN – BLAU – SEHR

Adverbien können im Satz **allein umgestellt** werden.
Du erfragst sie mit: **Wann? Wo? Wie? Warum?**

Bald wird es schneien. (Wann?)
Es wird **bald** schneien.
Schneien wird es **bald**!

Ü 8

Schreibe jeweils die passende deutsche und lateinische Bezeichnung der Wortarten mit einem dazugehörigen Wort auf!
Falls du Hilfe benötigst, schau auf die Übersichtstabelle am Anfang dieses Kapitels!

Zeitwort – Vorwort – Geschlechtswort – Fürwort –
Bindewort – Eigenschaftswort – Namenwort

Nomen – Konjunktion – Pronomen – Adjektiv – Präposition – Verb – Artikel

HILFLOS – DIE – VON – HELFEN – UND – HILFE – ER

Zeitwort – Verb – helfen ____________________

____________________ ____________________

____________________ ____________________

____

Ü 9

Ordne folgende Wörter den Wortarten Nomen, Verb, Adjektiv zu!
Setze vor das Nomen jeweils den bestimmten Artikel!
Erinnere dich: Das Verb hast du früher einmal als „Tunwort" und das Adjektiv als „Wiewort" kennen gelernt!

WUNDER – WUNDERN – WUNDERBAR – ANGST – ÄNGSTIGEN – ÄNGSTLICH –
FREUDE – ERFREULICH – FREUEN – HOFFEN – HOFFNUNG – HOFFNUNGSVOLL –
REDE – REDEN – REDLICH – FEINDLICH – FEIND – ANFEINDEN – FÜRCHTERLICH –
FURCHT – FÜRCHTEN – TRINKEN – TRINKBAR – GETRÄNK – LUST – LUSTIG –
BELUSTIGEN – VERSÖHNEN – VERSÖHNUNG – VERSÖHNLICH

Nomen	Verb	Adjektiv
das Wunder	wundern	wunderbar

Ü 10

Schreibe die angeführten Wörter in Schreibschrift in die richtige Zeile!

SONNIG, KOMISCH, SCHNELLIGKEIT, HASE, FÜTTERN, VOR, SIE, DASS, IN, AUF, ODER, BAUEN, ALARM, SOMMER, FINSTER, PEINLICH, ABER, UNS, RUDERN, TIEF, UM, AUFSETZEN, LAUFEN, DICH, WEISHEIT, WEISE, BLÄTTERN, EUER, IHN

Nomen: ____________________

Adjektiv: ____________________

Verb: ____________________

Pronomen: ____________________

Präposition: ____________________

Konjunktion: ____________________

Ü 11

Ordne alle Wörter aus dem Wortkasten in die folgende Wortartentabelle richtig ein!

laufe, lief, mit, gegen, auf, oben, bald, kaum, wir/ihr/sie, Lauf/Läufe, weil, aber, spaßig, schön, der/die/das, laufend, gelaufen

Wortartentabelle:

Wortarten	**Beispiel** (Hier sollst du die oben angeführten Wörter jeweils richtig einsetzen.)
Das Verb (Das Zeitwort) finite Form (bestimmte Form) infinite Form (unbestimmte Form)	
Das Nomen (Das Namenwort) Einzahl/Mehrzahl	
Das Pronomen (Das Fürwort)	
Der Artikel (Das Geschlechtswort)	
Das Adjektiv (Das Eigenschaftswort)	
Das Adverb (Das Umstandswort)	
Die Präposition (Das Vorwort)	
Die Konjunktion (Das Bindewort)	

Das Verb

Verändert das Verb vom **Präsens** zum **Präteritum** den Vokal im **Wortstamm** (s**i**tzen – s**a**ß) und endet das 2. Partizip auf **-en** (gegess**en**), spricht man von einem **starken Verb**: s**i**tzen – s**a**ß – gegess**en**

Bleibt der **Wortstamm unverändert** (**le**rnen – **le**rnte), spricht man von einem **schwachen Verb**. In der Personalendung im Präteritum wird nur ein **-t** eingefügt und das 2. Partizip endet auf **-t** (gelern**t**): **le**rnen – **le**rnte – gelern**t**

Ü 12

Gib an, ob es sich um ein starkes oder ein schwaches Verb handelt! Unterstreiche die jeweiligen Erkennungsmerkmale!

1. bauen – baute – gebaut ______________________
2. schweben – schwebte – geschwebt ______________________
3. drücken – drückte – gedrückt ______________________
4. graben – grub – gegraben ______________________
5. tragen – trug – getragen ______________________
6. kochen – kochte – gekocht ______________________
7. essen – aß – gegessen ______________________
8. trinken – trank – getrunken ______________________
9. düngen – düngte – gedüngt ______________________
10. schwimmen – schwamm – geschwommen ______________________

Ü 13

Schreibe das Verb, das im Infinitiv angeführt ist, jeweils in der Personalform, die zum Personalpronomen passt, im Präsens und im Präteritum auf!

Infinitiv	Präsens	Präteritum
abreißen	er reißt ab	er riss ab
geben	es	es
aufbrechen	ich	ich
fressen	es	es
eingraben	wir	wir
springen	ihr	ihr
stoßen	du	du
aufdecken	ich	ich
rammen	wir	wir
fließen	es	es

Die Formveränderung des Verbs heißt **Konjugation** (Abwandlung).
Das Verb kann **Person, Zahl und Zeitform** anzeigen.

Die finiten Verbformen

Eine **Verbform, die in Person und Zahl bestimmt ist**, nennt man **Personalform** oder **finite Form**.

Ü 14 **Unterstreiche die Personalform und bestimme dann Person, Zahl und Zeitform dieser Verben!**

sie werfen	3. Pers. Plural, Präsens	es wird schneien	
er winkte		ich hatte geklopft	
du bindest		du wirst starten	
ich habe gekauft		sie taucht unter	
ihr hattet gegessen		ihr habt getrunken	
wir sind umgezogen		sie nahmen teil	
es steht fest		er wird verzieren	
sie war gekommen		du schliefst	
er ist eingezogen		sie war gerannt	
es läuft ab		ich habe geschrieben	
es hat gekocht		wir aßen	
sie hatten geschworen		ihr seid gefahren	

Die infiniten Verbformen

Im Gegensatz zu den Personalformen (**finiten Formen**) kannst du bei **infiniten Formen** weder Person noch Zahl noch Zeit bestimmen.
Infinite Verbformen sind der Infinitiv (Nennform), das 1. Partizip (Mittelwort der Gegenwart) und das 2. Partizip (Mittelwort der Vergangenheit).

Die Form, in der das Verb im Wörterbuch steht, heißt **Infinitiv** oder Nennform.
Beispiel: **spielen**

Du bildest das **1. Partizip**, indem du an den Wortstamm die **Endung -nd** anhängst.
Beispiel: die spiele**nd**e Katze

Du bildest das **2. Partizip** mit der **Vorsilbe ge-** und mit der **Endung -t** oder **-en**.
Du benötigst es zur **Bildung des Perfekts**.
Beispiel: ich habe **ge**spiel**t**

Die Vorsilbe **ge-** kann auch manchmal nach einer anderen Vorsilbe stehen (**ausge**spielt) oder überhaupt fehlen (**ver**spielt).

Ü 15

Im Wortkasten findest du neun Verben, die in unterschiedlichen Verbformen stehen. Ordne sie in die Tabelle ein! Achtung, es haben sich auch andere Wörter „hineingeschummelt"!

sein – waschen – angebunden – schnell – gefahren – fertig – blühend – seiner – kaum – kaufen – zusammengelaufen – bald – aus – sauber – tropfend – hier – laufend

Infinitiv	1. Partizip	2. Partizip

Ü 16

Vervollständige die Tabelle!

Nennform	1. Partizip	2. Partizip
zeichnen	zeichnend	gezeichnet
antreiben		
weinen		
ausrinnen		
anlaufen		
mahlen		
tragen		
fließen		
rufen		

Das 1. Partizip wird häufig **als Adjektiv** verwendet.
Beispiel: die **spielende** Katze

Das 2. Partizip wird auch **als Adjektiv** verwendet (die **verspielte** Katze), aber am häufigsten benötigst du es zur **Bildung des Perfekts** (Vergangenheit – ich habe **gespielt**) und **des Plusquamperfekts** (Vorvergangenheit – ich hatte **gespielt**).

Ü 17

Gib an, um welches Partizip (1. oder 2.) es sich handelt!
Unterstreiche das Partizip und schreibe in die Klammer 1. oder 2.!

1. ein altes gestrandetes Boot (2.)
2. ein gesprungenes Glas ( )
3. eine schwimmende Kerze ( )
4. eine blühende Fantasie ( )
5. ein knusprig gebratenes Huhn ( )
6. ein verbranntes Kotelett ( )

7. dampfend heiße Milch (   )
8. eine bunt leuchtende Rakete (   )
9. ein lachendes Kind (   )
10. ein gekonnter Sprung ins Wasser (   )

Ü 18 **Setze das entsprechende Partizip ein und gib an, um welches es sich handelt!**

1. Ein Hund, der bellt, ist ein **bellender** Hund. (1.)
2. Ein Eisberg, der schwimmt, ist ein ______________ Eisberg. (   )
3. Ein Schiff, das gestrandet ist, ist ein ______________ Schiff. (   )
4. Fisch, der gebraten ist, ist ______________ Fisch. (   )
5. Eine Rose, die verblüht ist, ist eine ______________ Rose. (   )
6. Ein Kind, das weint, ist ein ______________ Kind. (   )
7. Milch, die geronnen ist, ist ______________ Milch. (   )
8. Ein Wasserhahn, der tropft, ist ein ______________ Wasserhahn. (   )
9. Käse, der stinkt, ist ein ______________ Käse. (   )
10. Ein Magen, der knurrt, ist ein ______________ Magen. (   )
11. Ein Plan, der gezeichnet ist, ist ein ______________ Plan. (   )
12. Ein Braten, der gefüllt ist, ist ein ______________ Braten. (   )

Die Wertigkeit der Verben

Jedes Verb fordert eine bestimmte Anzahl von Sinnergänzungen. Danach teilt man Verben in drei Gruppen: einwertige, zweiwertige und dreiwertige Verben.

1. **Einwertige** Verben verlangen **ein** Satzglied: Das Pferd (S) wiehert (P).
2. **Zweiwertige** Verben verlangen **zwei** Satzglieder: Die Bäuerin (S) füttert (P) das Pferd (O4).
3. **Dreiwertige** Verben verlangen **drei** Satzglieder: Sie (S) wirft (P) Heu (O4) in die Koppel (OE).

Ü 19 **Schreibe die Wertigkeit der Verben jeweils in die Klammer!**

1. Die Bienen summen. (1)
2. Wir verscheuchen die lästigen Fliegen. (   )
3. Dein Hund bellt. (   )
4. Sie schenkte mir eine Tafel Schokolade. (   )
5. Diese Stiefel gehören dem Stallburschen. (   )

6. Er vergönnt ihm eine kurze Verschnaufpause. (   )
7. Der Bagger gräbt vor unserem Haus. (   )
8. Er borgt mir seinen neuen Gameboy. (   )
9. Unser Wellensittich Putzi spricht. (   )
10. Sie seiht die Nudeln ab. (   )

Die Zeitformen

Verben können in verschiedene **Zeitformen** gesetzt werden.

Einteilige Zeitformen sind das **Präsens** und das **Präteritum**.
Das Prädikat bildest du hier **mit einem Verb**, das in der **Personalform** steht.

Präsens	**Präteritum**
ich schreibe, du schreibst, er/sie/es schreibt wir schreiben, ihr schreibt, sie schreiben	ich schrieb, du schriebst, er/sie/es schrieb wir schrieben, ihr schriebt, sie schrieben

Ü 20

Schreib die Verben *turnen* und *fahren* im Präsens und im Präteritum in Einzahl und Mehrzahl in dein Übungsheft! Gib an, ob die Verben stark oder schwach gebeugt werden!

Ü 21

**Präsens wird für Gegenwärtiges und Präteritum für Vergangenes verwendet.
Setze die Verben, die in der Nennform stehen, in die richtige Zeit!**

Früher und heute

Früher (geben) ________________ es nur in wenigen Haushalten einen Fernsehapparat.

Heute (stehen) ________________ fast in jedem Haus ein Fernseher mit DVD-Player.

(Geben) ________________ es früher nur zwei Fernsehprogramme, so (auswählen) ________________ wir heute aus über 100 Programmen ________________ .

(Beginnen) ________________ früher die Sendezeit erst am Nachmittag und (enden) ________________ spätestens um Mitternacht, so (sehen) ________________ wir heute zu jeder Tages- und Nachtzeit etwas im Fernsehen.

Wie wird das denn in Zukunft sein?

Mehrteilige Zeitformen sind das **Perfekt** (Vergangenheit), das **Plusquamperfekt** (Vorvergangenheit) und das **Futur** (Zukunft).

Du bildest sie mit einem **Hilfsverb** (haben, sein, werden) und mit dem **aussagenden Verb**:
Perfekt = Personalform von haben/sein + 2. Partizip
Plusquamperfekt = Personalform von hatten/waren + 2. Partizip
Futur = Personalform von werden + Infinitiv

Das **Hilfsverb** steht in der **Personalform** (finite Form), das **Verb** steht in der infiniten Form (2. Partizip/Infinitiv).

Perfekt	**Plusquamperfekt**	**Futur**
ich habe geschrieben	ich hatte geschrieben	ich werde schreiben
du hast geschrieben	du hattest geschrieben	du wirst schreiben
er/sie/es hat geschrieben	er/sie/es hatte geschrieben	er/sie/es wird schreiben
wir haben geschrieben	wir hatten geschrieben	wir werden schreiben
ihr habt geschrieben	ihr hattet geschrieben	ihr werdet schreiben
sie haben geschrieben	sie hatten geschrieben	sie werden schreiben

Ü 22

Schreib die Verben *turnen* und *fahren* im Perfekt, Plusquamperfekt und Futur in Einzahl und Mehrzahl in dein Übungsheft!

Hilfsverben

Hilfsverben **helfen die Zeitformen zu bilden**.

haben: habe, hast, hat, habt, hatte, hattest, hatten …
sein: bin, bist, ist, sind, seid, war, warst, waren …
werden: werde, wirst, wird, werdet …

Ü 23

Gib an, welche Zeitformen mit Hilfsverben gebildet werden!
Unterstreiche die Hilfsverben und die aussagenden Verben und schreibe die Zeitform in Klammer! ACHTUNG, ein Satz beinhaltet eine Falle!

1. Er wird schon rechtzeitig kommen.
2. Kevin hat gestern eine schwierige Prüfung bestanden.
3. Monika hatte noch keine Rückmeldung bekommen.
4. Du hast dich sicherlich geirrt.
5. Wann wirst du endlich damit aufhören?
6. Philipp war schon vorher weggegangen.
7. Barbara ist nicht wieder gekommen.
8. Ihr seid leider umsonst hergefahren.
9. Sie waren einen ganzen Tag mit dem Zug unterwegs.

Modalverben

Modalverben **helfen die Bedeutung des Verbs zu verändern**.

Modalverben sind:
dürfen, können, mögen, müssen, sollen, wollen, möchten

Er **darf** nichts essen. (Verb im Infinitiv)
Sie **muss** anrufen. (Verb im Infinitiv)

Ü 24 **Setze das Modalverb in der richtigen Form ein und unterstreiche den Infinitiv!**

1. **dürfen:** Helga …………… am Wochenende nicht kommen.
2. **können:** Wir …………… sofort losfahren.
3. **möchten:** Die Kinder …………… gerne Eis essen.
4. **müssen:** Es …………… nicht immer gleich alles geschehen.
5. **sollen:** Du …………… dich doch nicht so plagen!
6. **wollen:** Norbert …………… schon schlafen gehen.
7. **mögen:** Elvira …………… keine Pommes frites mit Ketchup haben.

Einteilige und mehrteilige Zeitformen im Überblick

Einteilige Zeitformen

Präsens:	ich schreibe	er schreibt
Präteritum:	ich schrieb	er schrieb
	↓	↓
	Personalform (finite Form)	Personalform (finite Form)

Mehrteilige Zeitformen

Perfekt:	ich habe	geschrieben	er hat	geschrieben
Plusquamperfekt:	ich hatte	geschrieben	er hatte	geschrieben
Futur:	ich werde	schreiben	er wird	schreiben
	↓	↓	↓	↓
	Personalform (finite Form)	infinite Form	Personalform (finite Form)	infinite Form

Die Zeitstufen und das Zusammenspiel der Zeitformen

Es gibt **drei Zeitstufen**: Gegenwärtiges, Vergangenes und Zukünftiges.
Diese Zeitstufen werden **durch Zeitformen ausgedrückt**.

Zeitstufen:	**Zeitformen:**
Gegenwärtiges (= was gerade ist)	Präsens
Vergangenes (= was vorüber ist)	Präteritum, Perfekt, Plusquamperfekt
Zukünftiges (= was sein wird)	Futur

Du verwendest das **Präsens**, wenn du von **gegenwärtigem Geschehen** berichtest.
Du drückst aus, was zum Zeitpunkt **gerade passiert**.

Ich lerne gerade Grammatik.
Ich mache mir Notizen.
Ich lese im Übungsbuch.

Du kannst **vom Präsens zurückblickend** erzählen, dann verwendest du das **Perfekt**.
Du kannst **vorausblickend** erzählen, dann verwendest du das **Futur**.

Ich habe (Perfekt) eine schlechte Noten bekommen, jetzt lerne (Präsens) ich Grammatik.
Ich lerne (Präsens) Grammatik, damit ich bald eine gute Note bekommen werde (Futur).

Perfekt (Vergangenheit) was sich vorher ereignet hat = zurückblickend	←	**Präsens** (gegenwärtige Sicht)	→	**Futur** (Zukunft) was sich nachher ereignen wird = vorausblickend

Ü 25 **Verbinde jeweils die Sätze sinnvoll miteinander! Unterstreiche die Zeitformen! Achte darauf, dass das unmittelbare Geschehen im Präsens und was weiter zurückliegt im Perfekt steht!**

Eva findet das Buch,

geht Erwin wieder Fußball spielen.

Sobald seine Verletzung geheilt ist,

nachdem sie ihr ganzes Zimmer danach abgesucht hat.

Monika näht sich ein Sommerkleid,

obwohl er gestern starkes Halsweh gehabt hat.

Christian bestellt sich einen großen Eisbecher,

nachdem sie einen hübschen Stoff gekauft hat.

Du verwendest das **Präteritum**, um schriftlich über **vergangenes Geschehen** zu erzählen. Liegt ein Ereignis noch **weiter zurück**, verwendest du das **Plusquamperfekt**.

Plusquamperfekt (Vorvergangenheit) was sich vorher ereignet hatte = zurückblickend	←	**Präteritum** (aus vergangener Sicht)	→	**Futur** (Zukunft) was sich nachher ereignen wird = vorausblickend

Ü 26

Verbinde jeweils die Sätze sinnvoll miteinander! Unterstreiche die Zeitformen! Achte darauf, dass das vergangene Geschehen im Präteritum steht! Was noch weiter zurückliegt, steht im Plusquamperfekt!

Lisa ging ins Badezimmer,

nachdem er lange überlegt hatte.

Paul fand die Lösung,

zog Birgit in eine eigene Wohnung.

Sascha verpasste den Zug,

nachdem sie aufgestanden war.

Sobald sie ihr Studium beendet hatte,

obwohl er schon zeitig weggegangen war.

Ü 27

Schreibe die Sätze neu und setze die Formen des Präsens ins Präteritum und die des Perfekts ins Plusquamperfekt, sodass die Zeitenfolge stimmt!

1. Ich kaufe mir ein Pizzastangerl, weil ich wenig gefrühstückt habe.

____

2. Julia kommt zu mir, sobald sie ihre Aufgaben gemacht hat.

____

3. Christopher muss viel nachschreiben, weil er lange gefehlt hat.

____

4. Wir treffen uns wieder, sobald wir alles erledigt haben.

____

5. Gabi schreibt auf einem Zettel, weil sie ihr Heft vergessen hat.

____

6. Er hängt seinen Mantel an den Haken, nachdem er die Tür geschlossen hat.

____

Präsens – Perfekt: Ich komme zu dir, wenn ich meinen Aufsatz geschrieben habe.

Präteritum – Plusquamperfekt: Ich kam zu dir, nachdem ich meinen Aufsatz geschrieben hatte.

Futur: Ich werde zuerst meinen Aufsatz schreiben.

Ü 28

Setze die Zeitformen (Präsens – Perfekt, Präteritum – Plusquamperfekt) so ein, dass das Zusammenspiel der Zeitformen stimmt!

1. Sie ………… (geben) ihre Schularbeit ab, nachdem sie den Aufsatz genau ………… (durchlesen).

   Sie ………… (geben) ihre Schularbeit ab, nachdem sie den Aufsatz genau ………… (durchlesen).

2. Er ………… (rechnen) das Beispiel nochmals, weil er sich ………… (irren).

   Er ………… (rechnen) das Beispiel nochmals, weil er sich ………… (irren).

3. Sobald ich das Geschirr ………… (abwaschen), ………… (dürfen) ich in die Stadt gehen.

   Sobald ich das Geschirr ………… (abwaschen), ………… (dürfen) ich in die Stadt gehen.

4. Karin ………… (sich bestellen) ein Menü, nachdem der Kellner ihr die Speisekarte ………… (bringen).

   Karin ………… (sich bestellen) ein Menü, nachdem der Kellner ihr die Speisekarte ………… (bringen).

Ü 29

Unterstreiche die Verben in den Sätzen und schreibe die Zeitform und die Zeitstufen jeweils neben den Satz in die Spalte!

	(grammatikalische) Zeitform	(natürliche) Zeitstufe
1. Martin holt sein Handy nächste Woche ab,	Präsens	Zukünftiges
es wird dann repariert sein.		
2. Ich komme morgen nicht,		
weil ich Nachmittagsturnen habe.		
3. Gregor bekam endlich seinen Toast,		
nachdem er 30 Minuten gewartet hatte.		
4. Sobald ich den Abwasch erledigt habe,		
koche ich uns Kaffee.		
5. Ich übe gerade,		
weil wir nächste Woche Schularbeit haben.		

In der Vergangenheit wird mündlich, in der Mitvergangenheit schriftlich erzählt

Wenn etwas **Vergangenes mündlich** erzählt wird, verwendet man oft das **Perfekt/** die **Vergangenheit**.

Wird das Erzählte aber **schriftlich** wiedergegeben, verwendet man immer das **Präteritum/** die **Mitvergangenheit** (z. B. im Erlebnisaufsatz).

Auch Nacherzählungen, Märchen und Romane musst du im Präteritum schreiben.

Ü 30

Unterstreiche die Zeitformen in der mündlich wiedergegebenen Erzählung!
Gib an, um welche Zeitform es sich handelt!

Mein Vater erzählt aus seiner Kindheit

Damals hat es bei uns zu Hause noch keinen Fernseher gegeben. Wir sind ins Kino gegangen, um einen „Cowboy-Film“ zu sehen.
Manchmal habe ich bei unseren alten Nachbarn am Samstagnachmittag einen alten Spielfilm angeschaut. Ich habe mich immer sehr darüber gefreut.
Am liebsten habe ich den Zeichentrickfilm „Familie Feuerstein“ und die Westernserie „Bonanza“ gesehen.
1972 haben wir dann unseren ersten Schwarzweißfernseher bekommen. Alle meine Freunde sind am Abend gekommen und wir haben uns „Familie Feuerstein“ angeschaut.

Ü 31

Schreibe nun die Geschichte „Mein Vater erzählt aus seiner Kindheit“ im Präteritum nieder!

Ü 32

Unterstreiche die Verben und schreib die Zeitform darüber!

Präsens Präsens

1. Während du hier schreibst, brennt in der Küche die Milch an.

2. Sobald ich mit dem Nähen fertig war, machte ich mir eine köstliche Jause.

3. Nachdem er ausgiebig gegessen und getrunken hatte, schlief er am Tisch ein.

4. Seitdem ich hier wohne, hat er mich noch nie besucht.

5. Als er 16 Jahre war, bekam er ein Moped.

6. Bevor noch die Sonne aufging, waren wir schon aufgebrochen.

7. Während wir das Gemüse putzten, rührten sie den Teig.

8. Nachdem wir den ganzen Tag gearbeitet hatten, rasteten wir uns am Abend aus.

Ü 33

Unterstreiche im folgenden Text alle Verben und bestimme die Zeitformen!

Sturz mit Folgen

Ich verließ die Sporthalle, nachdem ich eilig meine Turnsachen in meine Sporttasche gestopft hatte, und machte mich schleunigst auf den Weg nach Hause.
Ich fuhr mit meinem Rad, so schnell ich konnte. Ich wollte nur weg.
Gerade während des Wettkampfes passiert mir so ein peinliches Missgeschick. Ich rutsche aus und lande direkt vor den Preisrichtern. Alle schweigen, ich stehe auf und humple in die Garderobe. Was werden sie über mich sagen? Sie werden jetzt über mich lachen.
Nach einer Viertelstunde war ich endlich zu Hause. Mein Kniegelenk schmerzte heftig. Nachdem ich auf das geschwollene Gelenk eine Packung Eiswürfel aufgelegt hatte, merkte ich eine leichte Besserung.
Mein Handy läutete, ich hatte vergessen es auszuschalten.
Bald darauf erreichte mich dein SMS. Ich hatte den Bewerb doch gewonnen.
Meine Vorführung am Balken hatte die Preisrichter beeindruckt, der Sturz zählte ja nicht zu meinem Turnprogramm. Überglücklich holte ich mir eine neue Eispackung für mein angeschwollenes Kniegelenk.

Die Gegenwart kann mehr ...

Mit der Zeitform **Präsens** kannst du **alle Zeitstufen ausdrücken**:
Gegenwärtiges angeben (Was gerade jetzt abläuft.)
Vergangenes berichten (Vergangenes wird wie Gegenwärtiges berichtet.)
Zukünftiges ankündigen (Gegenwärtiges steht für Zukünftiges.)
Allgemein Gültiges angeben (Was als allgemein gültig angenommen wird.)

A **Gegenwärtiges:** Ich sitze am Computer und schreibe.
B **Vergangenes:** 1791 stirbt Mozart mit 35 Jahren.
C **Zukünftiges:** Morgen besuche ich ihn.
D **Allgemein Gültiges:** Warme Luft steigt auf.

Ü 34

Führe an, was das Präsens in den folgenden Sätzen ausdrückt!
Schreibe den richtigen Buchstaben und die Zeitstufe in die Spalte!

1. Nächste Woche schreiben wir die zweite Deutschschularbeit.	C Zukünftiges
2. Ich lerne gerade Vokabeln.	
3. Zu Weihnachten wünsche ich mir ein neues Handy.	
4. Die Post kommt immer um 11 Uhr.	
5. 1972 bekommen wir unseren ersten Fernseher.	
6. Öl schwimmt auf Wasser.	
7. Im nächsten Schuljahr melde ich mich für Bühnenspiel an.	
8. Ich esse jetzt nichts mehr.	

Was die Zukunft alles kann …

Mit der Zeitform **Futur** kannst du **Vermutungen, Absichten** und **Befehle ausdrücken**.

Vermutung: Es wird dir am Schikurs sicherlich gefallen.

Absicht: Ich werde mir das noch einmal gut überlegen.

Befehl: Du wirst das schön bleiben lassen!

Ü 35

Führe an, was das Futur in den folgenden Sätzen ausdrückt!
Kreuze die richtige Spalte an!

	Vermutung	Absicht	Befehl
Ich werde zunächst einmal die Aufgaben kontrollieren.			
Es wird heute noch schneien.			
Wir werden jetzt aufbrechen.			
Wirst du dich endlich hinsetzen!			
Sie wird sicherlich eine gute Arbeit schreiben.			
Rudi wird es schon schaffen.			
Er wird jetzt bereits in London sein.			
Ihr werdet jetzt sofort still sein!			

Zeitformen – nochmals auf einen Blick

Zeitform	Verwendung	Beispiele
Präsens (Gegenwart)	**Gegenwärtiges** **Vergangenes** **Zukünftiges** **Allgemein Gültiges**	Ich sitze am Computer und schreibe. 1791 stirbt Mozart mit 35 Jahren. Morgen besuche ich ihn. Warme Luft steigt auf.
Präteritum (Mitvergangenheit)	**Vergangenes** – für das **schriftliche** Erzählen	Als es noch keinen Fernseher gab, mussten wir ins Kino gehen.
Perfekt (Vergangenheit)	**Vergangenes** – für das **mündliche** Erzählen	Damals hat es bei uns noch keinen Fernseher gegeben. Wir sind ins Kino gegangen.
Plusquamperfekt (Vorvergangenheit)	**Vergangenes**, das vor einer bereits vergangenen Handlung passiert ist	Ich kam zu dir, nachdem ich meinen Aufsatz geschrieben hatte. (Präteritum – Plusquamperfekt)
Futur I (Zukunft)	**Vermutung** **Absicht** **Befehl**	Es wird dir am Schikurs sicherlich gefallen. Ich werde mir das noch gut überlegen. Du wirst das schön bleiben lassen!

Aktiv – Passiv

Das **gleiche Geschehen** kann **auf verschiedene Weise dargestellt** werden.
Einmal wird der **„Verursacher"** hervorgehoben, einmal der **„Betroffene"**.

S O4

Aktiv: Der Arzt („Verursacher") untersucht den Patienten („Betroffener").

S Vorwortergänzung

Passiv: Der Patient („Betroffener") wird vom Arzt („Verursacher") untersucht.

Das Objekt wird zum Subjekt.
Das Subjekt des aktiven Satzes fällt im passiven Satz meist weg.

S

Der Patient wird untersucht.

Ü 36

Bilde das Passiv!

1. Die Künstlerin malt ein Aquarell.
   Ein Aquarell wird (von der Künstlerin) gemalt.
2. Die Polizei verhaftet den Täter.
3. Die Schulwartin kehrt den Schulhof zusammen.
4. Gerhard füttert im Winter die Vögel.
5. Der Sekretär kopiert die Formulare färbig.
6. Die Polizistin hält den Motorradfahrer an.
7. Der Blindenhund führt den Sehbehinderten über die Straße.
8. Der Verkäufer bedient die Kunden freundlich.
9. Die Bäckerin liefert täglich frisches Gebäck.
10. Der Biologe entnimmt täglich eine Wasserprobe.

Das **Passiv** wird mit **„werden“ und dem 2. Mittelwort** gebildet.
ich **werde getragen**, es **wird geschoben**, wir **wurden verlegt**

Alle Zeitformen können im Passiv ausgedrückt werden.
Präsens: Ich werde von meinem Freund angerufen.
Präteritum: Ich wurde von meinem Freund angerufen.
Perfekt: Ich bin von meinem Freund angerufen worden.
Plusquamperfekt: Ich war von meinem Freund angerufen worden.
Futur: Ich werde von meinem Freund angerufen werden.

Ü 37

Schreibe von folgenden Verben die angeführten Zeitformen im Passiv auf!

abholen:	Präsens	Es wird abgeholt.
	Präteritum	Es
	Perfekt	Es
	Plusquamperfekt	Es
besuchen:	Präsens	Der Kranke
	Präteritum	Der Kranke
	Perfekt	Der Kranke
	Plusquamperfekt	Der Kranke
diktieren:	Präsens	Der Brief
	Präteritum	Der Brief
	Perfekt	Der Brief
	Plusquamperfekt	Der Brief

Es gibt zwei Arten des Passivs:
das **Vorgangspassiv** („werden"-Passiv) und das **Zustandspassiv** („sein"-Passiv)

Vorgang	**Zustand**
Die Straße wird geteert.	Die Straße ist geteert.
Die Autoteile werden lackiert.	Die Autoteile sind lackiert.
Das Gras wird gemäht.	Das Gras ist gemäht.

Das Passiv wird vor allem verwendet, wenn der **„Verursacher" unwichtig** oder **unbekannt ist**. Das ist meistens bei Bastelanleitungen, Kochrezepten und Vorgangsbeschreibungen der Fall.

Ihr Auto ist repariert worden (vom Mechaniker oder der Mechanikerin).
Die Kühe wurden gemolken (von der Melkmaschine).
Die Papierstreifen werden aneinandergeklebt (von der Bastlerin).
Der Teig wird gut verrührt (vom Koch oder von der Köchin).
(Die Angabe in der Klammer wird weggelassen!)

Ü 38

Gib an, ob ein Aktiv- oder Passivsatz vorliegt! Schreib ein A in die Klammer, wenn es sich um einen Aktivsatz handelt, und ein P, wenn es ein Passivsatz ist!

1 Ich werde dich um 20 Uhr abholen. ( )
2. Der Eilbrief wird von der Post noch heute zugestellt. ( )
3. Ich wurde um 8 Uhr abgeholt. ( )
4. Der Koch stellte die Auflaufform ins Backrohr. ( )

5. Hoffentlich wird der Klebstoff auch halten. (   )
6. Die Kekse werden bei 180 Grad gebacken. (   )
7. Die Gartenlaube ist geschnitten. (   )
8. Der Kleister ist dünn auf den Karton aufgetragen worden. (   )
9. Der Zeichenlehrer arbeitet mit der Laubsäge. (   )
10. Die Holzplatte wird mit der Laubsäge bearbeitet. (   )
11. Großmutter war nach Hause gefahren worden. (   )
12. Die Lautsprecher sind eingeschaltet. (   )
13. Der Teig wird dünn ausgewalkt. (   )

Ü 39

Kreuze richtig an, ob es sich um Aktiv, Vorgangspassiv oder Zustandspassiv handelt, und schreibe die Zeitform dazu!

	Aktiv	Vorgangs-passiv	Zustands-passiv	Zeitform
Ich werde mich mit der Hausübung beeilen.	X			Futur
Der Vortrag ist nun beendet.				
Der Dieb wurde von der Polizei gefasst.				
Diese Telefonleitung wurde gestern verlegt.				
Der Rasen wird demnächst gemäht werden.				
Der Eissalon wird im Mai geöffnet.				
Die Titanic ist 1912 gesunken.				
Der Kaufvertrag ist bereits unterzeichnet.				
Die Rechnung wird sofort geschrieben.				
Der Aktenkoffer wurde heute hier vergessen.				
Der Verurteilte hat berufen.				
Die Schüler werden sich darüber freuen.				

Nicht alle Verben haben ein Passiv.
Passivfähig sind diejenigen Verben, die eine Tätigkeit ausdrücken, die sich auf ein Ding oder Wesen richtet. (z. B. Er versorgt den Hasen.)

Ü 40

Überprüfe, welche der folgenden Sätze man ins Passiv übertragen kann! Kreuze sie an!

1. Die Zuschauer feuern die Fußballspieler an. ____________
2. Karl schämt sich wegen der aufgerissenen Hose. ____________
3. Die Mannschaft hat in dieser Saison alle Gegner besiegt. ____________
4. Dieter siegte beim Tennisturnier. ____________
5. Die Jugendlichen übernachten in ihren Zelten. ____________
6. Es schneit seit drei Tagen. ____________
7. Die Krankenschwester versorgt die Verletzten. ____________

Schlusstest

Ü 41

Unterstreiche die starken Verben!

genießen, verlaufen, einkaufen, begraben, rufen, ansetzen, aufdrehen, ackern, sammeln, sieben, einsetzen, sitzen, stimmen, raufen, rudern, einlegen, liegen

Ü 42

Bilde zum Infinitiv das 1. und 2. Partizip!

Infinitiv	1. Partizip	2. Partizip
pflanzen		
singen		
mähen		
sprechen		
liegen		
summen		
prüfen		
humpeln		
fliegen		
trauern		

Ü 43

Nenne die einteiligen und mehrteiligen Zeitformen!

einteilig: ______________________

mehrteilig: ______________________

Ü 44

Unterstreiche bei folgenden Zeitformen das Hilfsverb und gib an, um welche Zeitform es sich handelt!

er ist gesprungen ______________________

wir waren gekommen ______________________

ihr hattet gesungen ______________________

sie sind gesprungen ______________________

du wirst feiern ______________________

er war gelaufen ______________________

wir haben getanzt ______________________

es wird tragen ______________________

du bist gelegen ______________________

sie haben getrunken ______________________

Ü 45

Unterstreiche das Modalverb und den Infinitiv!

1. Erwin darf keine Milchprodukte essen.
2. Sonja muss die ganze Woche meine Katze füttern.
3. Will Katja auch ins Kino mitkommen?
4. Robert kann leider nicht mitgehen.
5. Wer will, soll morgen kommen.

Ü 46

Nenne die drei Zeitstufen und die Zeitformen!

____

____

Ü 47

Gib von folgenden Sätzen die Zeitform und die Zeitstufe an!

	Zeitform	Zeitstufe
Peter verbringt die Ferien am Bauernhof.	______	______
Sophie fährt nächste Woche auf Schikurs.	______	______
Der Feuerwehrmann überprüfte letzte Woche die Feuerlöscher.	______	______
Sie hatten den Nachtzug genommen.	______	______
Sabrina nimmt dieses Jahr am Abschlusskonzert teil.	______	______
Sie wird das ganze Jahr fleißig dafür üben.	______	______

Ü 48

Schreibe auf, welche Zeitstufen du mit dem Präsens ausdrücken kannst!

____

Ü 49

Ergänze die fehlende aktive / passive Form!

Aktiv:	Passiv:
Der Bauer bestellt das Feld.	______
Die Bäuerin fütterte die Hühner und Gänse.	______
Der Stallbursche mistet den Stall aus.	______
Die Landarbeiter beluden gestern den Heuwagen.	______
Die Kinder holen die Eier aus dem Stall.	______

Passiv:	Aktiv:
Die Ernte wird (vom Landarbeiter) eingebracht.	______________________
Die Melkmaschine wird (vom Bauern) eingeschaltet.	______________________
Das Gras wurde vorgestern (vom Bauern) gemäht.	______________________

Ü 50 **Gib an, ob es sich um Aktiv (A), Vorgangspassiv (V) oder Zustandspassiv (Z) handelt!**

1. Die Feldarbeit ist für heute beendet. ( )
2. Die Stallarbeit wird nun gemacht. ( )
3. Der Bauer streut das Heu ein. ( )
4. Die Schweine werden am Abend gefüttert. ( )
5. Die Milch wurde bereits in Kannen abgefüllt. ( )
6. Der Schafkäse wird noch heute zubereitet werden. ( )
7. Die geernteten Gurken werden von der Großmutter ins Kühlhaus gebracht. ( )
8. Die Kinder spielen im Gemüsegarten Nachlaufen. ( )
9. Die jungen Salatpflanzen sind bereits zertreten. ( )
10. Die Großmutter wird sich darüber nicht freuen. ( )

Ü 51 **Schreibe auf, in welcher Zeitform Vergangenes mündlich erzählt wird!**

____

Ü 52 **Schreibe auf, in welcher Zeitform Vergangenes schriftlich wiedergegeben wird!**

____

Kompetenz-Check

Das kann ich jetzt!

Kreuze an, was zutrifft! Falls du dich bei dem einen oder anderen Punkt noch nicht sicher fühlst, blättere nochmals zurück und wiederhole diesen Abschnitt!

	Ich kann ...	Falls ich noch unsicher bin, kann ich hier nachschlagen:
☐	... Nomen, Adjektive und Verben erkennen.	S. 7, 9
☐	... Präpositionen, Konjunktionen und Adverbien erkennen.	S. 8
☐	... deutsche und lateinische Bezeichnungen der Wortarten verwenden.	S. 9
☐	... Wörter den Wortarten zuordnen.	S. 10
☐	... starke und schwache Verben unterscheiden.	S. 11
☐	... finite und infinite Verbformen erkennen.	S. 12, 13
☐	... die Wertigkeit eines Verbs angeben.	S. 14
☐	... Verben ins Präsens und ins Präteritum setzen.	S. 15
☐	... Verben ins Perfekt, Plusquamperfekt und Futur setzen.	S. 16
☐	... Hilfsverben und Modalverben erkennen.	S. 16, 17
☐	... einteilige und mehrteilige Zeitformen bilden.	S. 17
☐	... das Zusammenspiel von Zeitstufen und Zeitformen erkennen.	S. 18, 19, 20
☐	... Zeitformen für mündliches und schriftliches Erzählen unterscheiden.	S. 21
☐	... mit dem Präsens alle Zeitstufen ausdrücken.	S. 22
☐	... mit dem Futur Vermutungen, Absichten und Befehle ausdrücken.	S. 23
☐	... alle Zeitformen (Präsens, Präteritum, Perfekt, Plusquamperfekt, Futur I) bilden und anwenden.	S. 24
☐	... das Aktiv und das Passiv in den Zeitformen (Präsens, Präteritum, Perfekt, Plusquamperfekt) bilden.	S. 25, 26
☐	... das Vorgangs- und Zustandspassiv bilden.	S. 26, 27

Das Nomen

Nomen bezeichnen Lebewesen (Menschen, Tiere), Pflanzen, Gegenstände und andere Begriffe (wie Gefühle und Gedachtes).

Nomen werden immer mit **großem Anfangsbuchstaben** geschrieben.

Bei einem Nomen können das **Geschlecht (männlich**/maskulinum, **weiblich**/femininum, **sächlich**/neutrum, die **Zahl (Einzahl, Mehrzahl)**, die **Beugung** oder Deklination **(stark, schwach, gemischt)** und der **Fall (Nominativ, Genitiv, Dativ und Akkusativ)** bestimmt werden.

Ü 53 **Suche jene Wörter aus dem Wortkasten, die Nomen sein können, und unterstreiche sie!**

BETTEN – SCHUH – SPRICH – KÜNDIGE – WÄSCHT – KAUF – UNS –
LIES – SICH – MÜDE – GUT – SCHÖN – HOFFENTLICH – BESSER –
SUCHE – GANG – LIEBE – NOTWENDIG

Ü 54 **Setze vor die gefundenen Nomen einen bestimmten Artikel!**

____________ ____________ ____________ ____________

____________ ____________ ____________

Artikel – Begleiter des Nomens

Der **bestimmte Artikel** kommt in **Einzahl und Mehrzahl** vor, an ihm kannst du das grammatikalische **Geschlecht** ablesen (= Geschlechtswort).

	Einzahl/Singular	Mehrzahl/Plural
1. Fall	der, die, das	die
2. Fall	des, der, des	der
3. Fall	dem, der, dem	den
4. Fall	den, die, das	die

Im **Plural** haben männliche, weibliche und sächliche Nomen den **gleichen bestimmten Artikel**.

Der **unbestimmte Artikel** ist ein Grundzahlwort. Du kannst **keine Mehrzahl** bilden.

	Einzahl	**Mehrzahl**
1. Fall	ein, eine, ein	X
2. Fall	eines, einer, eines	X
3. Fall	einem, einer, einem	X
4. Fall	einen, eine, ein	X

der Tisch – die Tische (männlich) – ein Tisch
die Lampe – die Lampen (weiblich) – eine Lampe
das Kästchen – die Kästchen (sächlich) – ein Kästchen

Ü 55 **Gib den Nomen jeweils einen bestimmten und einen unbestimmten Artikel!**

bestimmter Artikel (Singular)	**bestimmter Artikel (Plural)**	**unbestimmter Artikel (Singular)**
der Koffer	die Koffer	ein Koffer
Bus		
Atlas		
Schi		
Auto		
Hirsch		
Onkel		
Semmel		
Zwiebel		
Mutter		
Bank		
Tor		
Kaktus		
Datum		

Ü 56

Setze jeweils den bestimmten Artikel vor das Nomen und schreibe das Geschlecht in Klammer! Bilde auch die Mehrzahl!

Achtung: Mehrzahlbildung ist nicht immer möglich!

der Tellerrand (männlich)	die Tellerränder
Taube	
Rebhuhn	
Stehlampe	
Milch	
Blumengesteck	
Obst	
Krankheit	
Wurf	
Koffer	

Manche Nomen gibt es nur als Einzahlwörter, manche nur als Mehrzahlwörter!

Einzahlwörter: Laub, Milch, Armut, Dank, Obst
Mehrzahlwörter: Ferien, Masern, Geschwister, Leute, Kosten, Eltern

Pronomen – Begleiter des Nomens

Pronomen/Fürwörter (z. B. Possessivpronomen/besitzanzeigende Fürworter) können Begleiter des Nomens sein.
Beispiele:
mein Fahrrad, **dein** Helm, **unsere** Schule

Die **Begleiter des Nomens** (Artikel, Pronomen) machen die Beugung mit.

Ü 57

Unterstreiche in der Geschichte die Nomen mit ihren Begleitern (Artikel und Pronomen) mit grüner Farbe!

Die roten Augen

Durch ein lautes Geräusch wurde ich wach. Ängstlich schaute ich mich in meinem Zimmer um. Ich wollte zur (zu der) Nachttischlampe hinübergreifen, als ich sah, dass mich von dorther zwei rote Augen anstarrten.
Ich zog blitzschnell die Bettdecke über meinen Kopf und wartete zitternd ab. Vorsichtig blinzelte ich unter der großen Decke hervor und sah wieder die bedrohlichen Augen.

Die Geräusche wurden immer heftiger, der Wind tobte auch stärker.
Wer hatte sich in mein Zimmer geschlichen und stand jetzt neben meinem Bett?
Ich zitterte am (an dem) ganzen Körper. Was sollte ich nur tun? Ich nahm meinen wenigen Mut zusammen, den ich in solch einer furchtbaren Lage noch haben konnte, und griff zum (zu dem) Lichtschalter der kleinen Nachttischlampe.
Erleichtert, aber auch verärgert über meine Ängstlichkeit, sah ich die roten Leuchtziffern meines Weckers.
Und da ich jetzt hellwach war, konnte ich auch die schweren Fensterläden schließen, die der heftige Wind immer wieder an die Hausmauer gestoßen hatte.

Auf versteckte Artikel bei Vorwörtern als Begleiter **(beim, im, vom, zum, am)** ist zu achten!
(beim = bei dem, im = in dem, vom = von dem, zum = zu dem, am = an dem)
Ich griff **zum** (zu dem) **L**ichtschalter.

Zwischen Nomen und Begleiter wird oft ein Adjektiv eingefügt. Das Adjektiv wird kleingeschrieben, es führt eine Eigenschaft des Nomens an.
die **roten** Augen, ein **lautes** Geräusch

Ü 58

Unterstreiche in der Geschichte „Die roten Augen“ die Adjektive vor den Nomen mit roter Farbe!

Zusammengesetzte Nomen

Zusammengesetzte Nomen bestehen aus einem **Bestimmungswort** und einem **Grundwort**. Das Grundwort bestimmt das Geschlecht.

Eisen + Bahn = Eisenbahn
Bestimmungswort + Grundwort = zusammengesetztes Nomen

Ü 59

Bilde aus folgenden Wörtern zusammengesetzte Nomen und unterstreiche das Grundwort! Schreibe den Artikel dazu! Setze die Wörter, wenn es möglich ist, in die Mehrzahl und schreibe das Geschlecht dazu!

1. Leben + Mittel = das Lebensmittel, die Lebensmittel (sächlich)
2. Knoten + Punkt =
3. Geschirr + Tuch + Halter =
4. Bücher + Regal =
5. Hund + Hütte =
6. Arm + Band + Uhr =
7. Tür + Schnalle =
8. Blumen + Topf + Erde =
9. Butter + Milch =

Nachschlagen im Wörterbuch

Du möchtest z. B. das Wort „Platz“ im Wörterbuch nachschlagen.
Du findest dieses Stichwort „Platz“ wie folgt angeführt:
Platz der, -es/Plätze; P. machen; P. nehmen; P. greifen: in merklichem Ausmaß auftreten

Das bedeutet:

Stichwort:	**Artikel:**	**2. Fall:**	**Plural:**	**Beispiele, Erklärungen:**
Platz	der	des Platzes	die Plätze	P. …

Ü 60

Suche im Österreichischen Wörterbuch folgende Wörter und trage sie in die Tabelle ein!

Stichwort:	**Artikel:**	**2. Fall:**	**Plural:**	**Beispiele, Erklärungen:**
See				
See				
Tod				
Urlaub				
Vertrag				
Forelle				

Wenn du ein zusammengesetztes Nomen im Wörterbuch nicht findest, musst du Bestimmungswort und Grundwort einzeln nachschlagen.

Bildung von Nomen

Viele Nomen werden aus einer anderen Wortart gebildet, dann wird oft eine Endung hinzugefügt: **-heit, -keit, -ung, -nis, -tum** …

die Erfind**ung**, die Krank**heit** …

Ü 61

Bilde aus folgenden Wörtern Nomen, indem du eine der Endungen verwendest!
Führe in Klammer an, aus welcher Wortart du das Nomen ableitest!
Setze die Nomen, wenn möglich, in die Mehrzahl!

Wortart	**Nomen Ez./Mz.**	**Wortart**	**Nomen Ez./Mz.**
erfinden (Verb)	Erfind**ung**, Erfindungen	krank (Adjektiv)	Krank**heit**, Krankheiten
entschuldigen ( )		pünktlich ( )	
höflich ( )		ehrlich ( )	
schön ( )		selten ( )	
geheim ( )		unfähig ( )	
ärgern ( )		färben ( )	
reich ( )		heilig ( )	
belohnen ( )		bestellen ( )	

Verben und Adjektive können zu Nomen werden!

- Steht ein **Artikel** vor dem Verb (Infinitiv) oder Adjektiv, wird dieses zum Nomen. Du schreibst es groß.
  das Lesen, **das S**chreiben, **der F**leißige, **der E**ifrige

- Steht **kein Artikel** vor dem Verb (Infinitiv) oder Adjektiv, **könnte aber einer** eingefügt werden, schreibst du es auch groß.
  Lesen und **S**chreiben sind sehr wichtig. (**Das L**esen und **das S**chreiben …)
  Fleißige und **E**ifrige werden es schaffen. (**Die F**leißigen und **die E**ifrigen …)

- Wenn unbestimmte **Zahlwörter** (**einiges, alles, etwas, nichts, viel, wenig**) vor Adjektiven stehen, werden die Adjektive zu Nomen. Du schreibst diese dann groß.
  etwas Neues, **alles G**ute

- In Verbindung mit den Vorwörtern **beim, im, vom, zum, am** schreibt man den Infinitiv von Verben groß, weil ein **versteckter Artikel im Vorwort** (bei dem, in dem, von dem, zu dem, an dem) enthalten ist.
  zum Sitzen, **beim S**pielen, **im V**orbeigehen, **vom L**aufen

- Steht ein **Pronomen** vor dem Verb (Infinitiv), wird es zum Nomen. Du schreibst es groß.
  sein Lachen, **ihr S**chweigen, **unser L**ernen

Ü 62

Forme folgende Verben so um, dass sie durch Begleiter zu Nomen werden!

Verb (Infinitiv)	Verb mit Artikel	mit verstecktem Artikel	mit Pronomen
abschreiben	**das A**bschreiben	**beim A**bschreiben	**sein A**bschreiben
einkaufen		zum	ihr
wegwerfen		zum	euer
spielen		beim	sein
weinen		zum	dein
essen		vom	mein
gehen		im	sein
stehen		im	ihr
plan(t)schen		zum	unser

Adjektive, die zu Nomen werden, weil ein unbestimmtes Zahlwort davor steht, haben die Endung **-es** oder **-e**.

Beispiele:
alles Gut**e**
nichts Schlimm**es**

Ü 63

Forme jedes der angeführten Adjektive so um, dass es mit einem unbestimmten Zahlwort (Numerale) zu einem Nomen wird!
Unterstreiche die Endung des neuen Nomens!

Adjektiv	**unbestimmtes Zahlwort + Adjektiv**
vieles ist für uns **neu**	**viel N**eu**es**
manches ist uns bekannt	manches ...
etwas ist uns fremd	
nichts ist interessant	
wenig war brauchbar	
alles ist roh	
einiges war gut	

Adjektive nach unbestimmten Zahlwörtern und nach Artikeln schreibt man groß.

Ü 64

Setze die Anfangsbuchstaben der Adjektive richtig ein! Unterstreiche die unbestimmten Zahlwörter und die Artikel!

Achtung, Fallen! Einige Adjektive sind nicht nominal gebraucht!

1. Der lte kann noch nichts eues wissen.
2. Der unge hat etwas ltes gekauft.
3. Der lte Reisende konnte viel nteressantes erzählen.
4. Der unge Arzt weiß nur wenig utes zu berichten.
5. Die leinen fanden nur wenig rauchbares Werkzeug in der Werkstatt.
6. Der unge Hund wollte nichts ohes fressen.
7. Die eisten Schüler konnten viel eues Wissen zeigen.
8. Der ette Verkäufer zeigte uns viele nteressante Neuigkeiten.
9. Im roßen Geschäft konnten wir allerlei odisches finden.
10. Mein leiner Bruder möchte nichts chwarzes anziehen.

Ü 65

Schreibe folgenden Text in Schreibschrift auf und unterstreiche die durch Nominalisierung großgeschriebenen Verben und Adjektive!
Achte auf die Begleiter und Zahlwörter!

Versuch es mit Gemütlichkeit!

„UNSER NEUER KLASSENRAUM IST UNGEMÜTLICH!“, NÖRGELTEN ZU SCHULBEGINN EINIGE NEUE IN UNSERER KLASSE.
„ES FEHLT ETWAS GEMÜTLICHES ZUM SITZEN!“, STELLTEN DIESELBEN FEST.
DIE NEUEN HATTEN RECHT. ZUM SITZEN GAB ES NUR DIE HARTEN SESSEL UND ZUM ABLEGEN FÜR UNSERE SACHEN NUR DIE SCHREIBTISCHE.
„FÜR UNSERE KLASSENGEMEINSCHAFT WÄRE ES AUCH BESSER, WENN IN DER PAUSE EIN ZUSAMMENSITZEN MÖGLICH WÄRE!“, MEINTEN DIE MÄDCHEN. DIE BURSCHEN BEHAUPTETEN NICHTS GEGENTEILIGES UND BEGANNEN ÜBER DAS WIE ZU SPRECHEN.
DAS REDEN BRACHTE UNS AUF DIE IDEE, UNSERE FAMILIEN UND NACHBARN NACH ALTEN POLSTERMÖBELN ODER ETWAS ÄHNLICHEM ZU FRAGEN.
UNSER FRAGEN ZEIGTE ERFOLG.
SCHON IN DER DRITTEN SCHULWOCHE HATTEN WIR EIN GEBRAUCHTES, ABER SEHR GEMÜTLICHES SOFA, DREI KLEINE GEPOLSTERTE HOCKER ZUM SITZEN UND EIN KLEINES TISCHCHEN ZUM ABSTELLEN FÜR GETRÄNKE UND JAUSE.
ETWAS GUTES HATTE DIESE NEUE SITZECKE AUCH NOCH BEWIRKT:
WIR MACHTEN UNS AUS, DASS IMMER DIEJENIGEN DAS VORRECHT ZUM BENUTZEN DER GEMÜTLICHEN ECKE HABEN SOLLEN, DIE SICH UM DAS SAUBERHALTEN DES KLASSENZIMMERS BESONDERS BEMÜHEN. SO IST UNSER KLASSENRAUM JETZT NICHT NUR GEMÜTLICH, SONDERN AUCH SAUBER.

Die Deklination (Die Beugung)

Fall (Kasus)	Frage	Singular (Einzahl)	Plural (Mehrzahl)
1. Fall (Nominativ)	wer oder was?	**der** Mann	**die** Männer
2. Fall (Genitiv)	wessen?	**des** Mannes	**der** Männer
3. Fall (Dativ)	wem?	**dem** Mann	**den** Männern
4. Fall (Akkusativ)	wen oder was?	**den** Mann	**die** Männer
1. Fall (Nominativ)	wer oder was?	**die** Frau	**die** Frauen
2. Fall (Genitiv)	wessen?	**der** Frau	**der** Frauen
3. Fall (Dativ)	wem?	**der** Frau	**den** Frauen
4. Fall (Akkusativ)	wen oder was?	**die** Frau	**die** Frauen
1. Fall (Nominativ)	wer oder was?	**das** Kind	**die** Kinder
2. Fall (Genitiv)	wessen?	**des** Kindes	**der** Kinder
3. Fall (Dativ)	wem?	**dem** Kind	**den** Kindern
4. Fall (Akkusativ)	wen oder was?	**das** Kind	**die** Kinder

Starke Beugung erkennst du an der Endung des 2. Falles:

2. Fall: Singular/Plural	Beispiel
-s / -e	des Tages/die Tage
-es / -er	des Mannes/die Männer
-s / –	des Sessels/der Sessel
– / Umlaut	der Hand/die Hände

Schwache Beugung erkennst du an der Endung des 2. Falles:

2. Fall: Singular/Plural	Beispiel
– / -en	der Biene/die Bienen
-en / -en	des Bären/die Bären

Eine **gemischte Beugung** liegt vor, wenn im Singular eine starke Beugung und im Plural eine schwache Beugung nötig ist.

des Aug**es** (2. Fall Singular) – **stark**
der Aug**en** (2. Fall Plural) – **schwach**

Ü 66

Übung für Fortgeschrittene!
Stelle fest, welche Beugung vorliegt!

1. die Frau
2. der Bote
3. der Staat
4. das Lamm
5. die Wand
6. der Tisch

Den **unbestimmten Artikel** gibt es nur in der **Einzahl**.

Fall (Kasus)	Frage	Singular (Einzahl)	Plural (Mehrzahl)
1. Fall (Nominativ)	wer oder was?	**ein** Mann	–
2. Fall (Genitiv)	wessen?	**eines** Mannes	–
3. Fall (Dativ)	wem?	**einem** Mann	–
4. Fall (Akkusativ)	wen oder was?	**einen** Mann	–
1. Fall (Nominativ)	wer oder was?	**eine** Frau	–
2. Fall (Genitiv)	wessen?	**einer** Frau	–
3. Fall (Dativ)	wem?	**einer** Frau	–
4. Fall (Akkusativ)	wen oder was?	**eine** Frau	–
1. Fall (Nominativ)	wer oder was?	**ein** Kind	–
2. Fall (Genitiv)	wessen?	**eines** Kindes	–
3. Fall (Dativ)	wem?	**einem** Kind	–
4. Fall (Akkusativ)	wen oder was?	**ein** Kind	–

Ü 67

Bestimme den Fall der unterstrichenen Nomen!

1. <u>Der Hund</u> jagt <u>einen Kater</u>.
2. <u>Der Kater</u> rennt um sein Leben.
3. <u>Dem Nachbarn</u> gehört <u>der Hund</u>.
4. Noch nie hat <u>der Hund</u> <u>einen Kater</u> erwischt.
5. Aber <u>der Kater</u> hat <u>dem Hund</u> <u>einen Kratzer</u> verpasst.

Unterscheidung von Dativ und Akkusativ

Erinnere dich:
Als Hilfe kannst du die **Ersatzwörter** nehmen:
mir = 3. Fall (Wem?)
mich = 4. Fall (Wen oder was?)

Ü 68

Verbinde die folgenden Wörter zu Sätzen, indem du jeweils vor das Nomen einen Artikel und das Verb in die richtige Personalform setzt!
Schreibe in Klammer, wie du nach dem unterstrichenen Nomen fragst!

1. Mutter – winken – <u>Vater</u> Die Mutter winkt <u>dem Vater</u>. (Wem? Dativ)
2. Bruder – zuhören – <u>Opa</u> ______________________
3. Ich – helfen – <u>Banknachbarn</u> ______________________
4. Hund – nachlaufen – <u>Onkel</u> ______________________
5. Er – trauen – <u>Frieden</u> ______________________
6. Lehrer – prüfen – <u>Buben</u> ______________________
7. Wir – beitreten – <u>Club</u> ______________________
8. Zimmer – gefallen – <u>Bruder</u> ______________________
9. Katze – entkommen – <u>Schäferhunden</u> ______________________
10. Rad – gehören – <u>Schwager</u> ______________________
11. Polizist – kontrollieren – <u>Führerschein</u> ______________________
12. Trainer – rufen – <u>Torwart</u> ______________________

Ü 69

Ergänze die richtigen Endungen und schreibe in Klammer, um welchen Fall es sich handelt! Überprüfe mit dem Ersatzwort!

1. Ich komme mit meine**m** Vater. (Dativ)
2. Wir fahren zu seine Freund.
3. Seit diese Tag wohnt er bei mir.
4. Nach unsere Spiel feierten wir de ersten Sieg.
5. Das Geschenk hatte ich von meine Großvater bekommen.
6. Wir werden bei jede Wetter wandern gehen.
7. Sie wohnen gegenüber de Bahnhof.
8. Er übergibt de neuen Mieter de Haustorschlüssel.
9. Sven kauft seine Freund diese Rucksack zum Geburtstag.
10. Er verspricht de Kindern eine großen Eisbecher.

Ü 70

Setze den bestimmten Artikel im richtigen Fall ein!

1. Das Lesebuch liegt auf Küchentisch.
2. Stell Wäschekorb auf Wäschetrockner!
3. Die Brille liegt neben Telefon.
4. Legen Sie bitte Hörer neben Apparat.
5. Wir hängten die Lampe genau über Tisch auf.

Ü 71

Setze die richtigen Fallendungen der Artikel ein!

1. Nach de lang anhaltenden Regen sehen wir endlich wieder de blauen Himmel.
2. Kinder sollten mit eine Sonnenschirm vor de Strahlen der Sonne geschützt werden.
3. Die Seeleute mussten sich mühsam gegen de peitschenden Seesturm zur Wehr setzen.
4. Die Schifahrer mussten sich durch ein Schussfahrt vor de losgetretenen Schneebrett in Sicherheit bringen.
5. Die jungen Pflanzen werden unter de starken Strahlen der Sonne verdorren.
6. Die Urlauber suchen in de Bergen und Tälern, an de Ufern der Gewässer, in de Wäldern, auf de Wiesen und auf de Feld Erholung.
7. Wir verabschieden de hohen Gast mit de größten Ehren.
8. Der Pfleger legte de Verletzten (Mz.!) neue Verbände an.
9. Die Schüler besuchten zu Weihnachten de kranken Freund und brachten de Buben eine Korb mit de Naschsachen, die er gerne hat.
10. Mit de neuen Fahrrad werde ich de Cousin überraschen.

Schlusstest

Ü 72

Kennst du vielleicht die abenteuerlichen Erzählungen des Freiherrn Karl Friedrich Hieronymus von Münchhausen – kurz Münchhausen genannt? In den folgenden beiden Übungen sind zwei seiner Abenteuer für dich nacherzählt.

Unterstreiche im Text alle Nomen und alle als Nomen verwendeten Wortarten (= alle mit großem Anfangsbuchstaben geschriebenen Wörter – außer natürlich Satzanfänge)! Schreibe den Text dann in Schreibschrift ab oder lasse ihn dir als Übungsdiktat ansagen!

Achtung: SS kann in Schreibschrift zu ss oder zu ß werden!

DER RITT AUF DER KANONENKUGEL

EINMAL SOLLTE MÜNCHHAUSEN DIE ERKUNDUNG EINER BELAGERTEN FESTUNG ÜBERNEHMEN, DOCH ES WAR IHM WEDER ZU FUSS NOCH ZU PFERD MÖGLICH.
ER KAM KEIN BISSCHEN IN DIE NÄHE DER TÜRKISCHEN STADT, OHNE GESEHEN ZU WERDEN.
SO STELLTE ER SICH VOR DIE GRÖSSTE KANONE, DIE IN KÜRZE IN RICHTUNG DER FEINDLICHEN FESTUNG ABGEFEUERT WERDEN SOLLTE, UND SPRANG IM FLUG AUF DIE KANONENKUGEL AUF.
IM RITT AUF DER KUGEL KONNTE ER ALLES WICHTIGE ERKUNDEN UND DIE SITUATION DER BELAGERTEN STADT GUT ÜBERBLICKEN.
DOCH BEIM NÄHERKOMMEN INS FEINDLICHE GEBIET WURDE IHM PLÖTZLICH BEWUSST, DASS IHM BEI SEINER ANKUNFT NICHTS GUTES WIDERFAHREN WÜRDE.
ALS FEINDLICHER SPION ENTLARVT, WÜRDE ER AM NÄCHSTEN GALGEN BAUMELN.
SO STAND SEIN ENTSCHLUSS FEST, AUF DIE NÄCHSTE FEINDLICHE KANONENKUGEL, DIE IN RICHTUNG SEINES LAGERS FLOG, ZU WECHSELN.
GESAGT – GETAN! DURCH DAS AUFSPRINGEN AUF DAS TÜRKISCHE GESCHOSS KAM MÜNCHHAUSEN WIEDER WOHLBEHALTEN UND MIT EINIGEM INTERESSANTEN IM HEIMISCHEN LAGER AN.

Ü 73 **Unterstreiche auch in der folgenden „Lügengeschichte" alle Nomen und Wörter, die als Nomen gebraucht werden! Schreibe den Text in Schreibschrift ab!**

DER AUFSTIEG ZUM MOND

EINMAL GERIET MÜNCHHAUSEN BEI EINEM TÜRKISCHEN SULTAN IN GEFANGENSCHAFT. ALS DESSEN SKLAVE MUSSTE ER DURCH DAS HÜTEN DER BIENEN SEINER MAJESTÄT DIENEN.
AM MORGEN TRIEB ER DIE BIENEN AUF DIE WEIDE UND GEGEN ABEND WIEDER ZURÜCK IN IHRE STÖCKE.
KEINE DER „HONIGLIEFERANTINNEN" DES SULTANS DURFTE FEHLEN, SONST WÜRDE DEM HÜTER VIEL SCHLIMMES WIDERFAHREN.
EINES ABENDS VERMISSTE MÜNCHHAUSEN BEIM ABZÄHLEN ABER EINE BIENE.
ZWEI BÄREN HATTEN SIE ANGEFALLEN UND WOLLTEN SIE WEGEN IHRES HONIGS IN STÜCKE ZERREISSEN.
DA MÜNCHHAUSEN NICHTS WAFFENÄHNLICHES BESASS, SCHLEUDERTE ER DIE SILBERNE AXT DES GÄRTNERS GEGEN DIE BEIDEN RÄUBER.
DIE ARME BIENE WURDE DADURCH WIRKLICH GERETTET, ABER DURCH DAS ALLZU KRÄFTIGE WERFEN FLOG DIE AXT IN DIE HÖHE UND HÖRTE ERST ZU FLIEGEN AUF, ALS SIE IM MOND STECKEN BLIEB.
WIE SOLLTE ER DIE AXT WOHL WIEDERBEKOMMEN? DAS HERUNTERHOLEN DES WURFGESCHOSSES MIT EINER LEITER WAR VÖLLIG UNMÖGLICH.
DA FIEL IHM EIN, DASS DIE TÜRKISCHEN BOHNEN MIT GROSSER GESCHWINDIGKEIT WACHSEN UND AUCH EINE GANZ ERSTAUNLICHE HÖHE ERREICHEN.
MÜNCHHAUSEN PFLANZTE EINE SOLCHE BOHNE UND IM NÄCHSTEN AUGENBLICK RANKTEN SICH SCHON DIE TRIEBE UM DIE MONDSICHEL.
OHNE VIEL ANSTRENGUNG KLETTERTE MÜNCHHAUSEN ZUM MOND UND FAND DAS VERLORENE.
NUN WOLLTE ER DEN ABSTIEG ANTRETEN, DOCH DIE SONNENHITZE HATTE DIE BOHNENRANKE VERSENGT UND DAS HERABSTEIGEN UNMÖGLICH GEMACHT.
WAS SOLLTE ER NUN TUN?
DAS IST EINE ANDERE GESCHICHTE, DIE DER LÜGENBARON MÜNCHHAUSEN ABER EBENFALLS AUF ABENTEUERLICHE WEISE MEISTERTE.

(Frei erzählt nach dem Volksbuch „Münchhausen" von Gottfried August Bürger, 1786 und 1788)

Kompetenz-Check

Das kann ich jetzt!

Kreuze an, was zutrifft! Falls du dich bei dem einen oder anderen Punkt noch nicht sicher fühlst, blättere nochmals zurück und wiederhole diesen Abschnitt!

	Ich kann ...	Falls ich noch unsicher bin, kann ich hier nachschlagen:
☐	... ein Nomen erkennen und seinen Begleiter (Artikel) finden.	S. 32
☐	... zum Nomen den bestimmten und unbestimmten Artikel setzen.	S. 33
☐	... Pronomen als Begleiter von Nomen erkennen.	S. 34
☐	... zusammengesetzte Nomen bilden.	S. 35
☐	... Nomen (auch Bestimmungswort und Grundwort) im Wörterbuch nachschlagen.	S. 36
☐	... Nomen aus Verben und Adjektiven bilden.	S. 37, 39
☐	... Nomen aus Adjektiven mithilfe des Artikels oder mithilfe von Zahlwörtern bilden.	S. 38
☐	... Nomen deklinieren (in die vier Fälle setzen) und feststellen, welche Beugung (stark, schwach, gemischt) vorliegt.	S. 39, 40
☐	... Dativ (3. Fall) und Akkusativ (4. Fall) unterscheiden und die richtige Fallendung setzen.	S. 41, 42

Das Personalpronomen (Das persönliche Fürwort)

Person	1. Fall (Nominativ)	2. Fall (Genitiv)	3. Fall (Dativ)	4. Fall (Akkusativ)
1. Pers. Singular	ich	meiner	mir	mich
2. Pers. Singular	du	deiner	dir	dich
2. Pers. Singular (höflich)	Sie	Ihrer	Ihnen	Sie
3. Pers. Singular	er	seiner	ihm	ihn
	sie	ihrer	ihr	sie
	es	seiner	ihm	es
1. Pers. Plural	wir	unser	uns	uns
2. Pers. Plural	ihr	euer	euch	euch
2. Pers. Plural (höflich)	Sie	Ihrer	Ihnen	Sie
3. Pers. Plural	sie	ihrer	ihnen	sie

Personalpronomen sind Stellvertreter des Nomens.
der Mann = **er**
die Frau = **sie**
das Kind = **es**

Das Rad gehört **Sabine**. ⟶ **Es** gehört **ihr**.

Ü 74

Unterstreiche die Personalpronomen im Text! Führe in der Tabelle an, in welcher Person, in welcher Zahl und in welchem Fall sie stehen! (Du brauchst jedes Pronomen nur einmal anführen!)

Meine Oma ist modern

Meine Oma gab mir zu meinem Geburtstag ein Kuvert mit 50 Euro. Sie sagte: „Ich wünsche dir alles Gute zu deinem Geburtstag! Kauf dir etwas Schönes zum Anziehen!“
Glücklich über ihr sinnvolles Geschenk fuhr ich mit meiner Freundin Sandra mit der Bahn in ein großes Einkaufszentrum.
Wir wollten keine Zeit verlieren, deshalb gingen wir sofort in ein großes Bekleidungsgeschäft. Ich probierte die coolsten Klamotten und Sandra beriet mich. Sie brachte mir immer wieder tolle Sachen zum Anprobieren. Ich konnte nur schwer eine Entscheidung treffen. Von meinem Taschengeld musste ich noch 10 Euro auf Omas Geld drauflegen, denn diese schicke braune Mütze wollte ich unbedingt zu den ausgesuchten Kleidungsstücken dazunehmen.
Noch am selben Tag zeigte ich meiner Oma stolz die gekauften Stücke: eine Hose und eine Jeansjacke im „Dustlook“, ein enges, kurzes T-Shirt und natürlich die tolle braune Mütze. Oma gratulierte mir zu dem „sicherlich günstigen Kauf“.
„Diese Hose mit den weißen Farbstreifen und diese Jacke mit den abgescheuerten Ärmeln und dieses kleine verwaschene Leiberl hast du doch sicherlich ganz günstig eingekauft!“, meinte sie freudig. Ich wusste nicht, was ich davon halten sollte.

Sie zeigte auf meinen Kopf und tupfte auf meine Mütze. „Ist die neu? Ist so etwas jetzt modern oder ist da jemand ein altes Stück losgeworden?“, fragte sie mich interessiert. Bevor ich noch antworten konnte, war sie plötzlich im Abstellraum verschwunden. Ich staunte nicht schlecht, als sie mit einer ähnlichen braunen Mütze auftauchte und freudig verkündete: „Diese Strickhaube hat dein Vater im Volksschulalter bekommen. Er hat sie gern getragen und sie hat ihm gut gepasst. Darum habe ich es nicht übers Herz gebracht, sie zur Altkleidersammlung zu geben.“
Ich wollte meine Oma nicht beleidigen, denn immerhin hatte sie mir ja 50 Euro geschenkt, aber über Mode und tolle Klamotten wollte ich mit ihr lieber nicht reden.

Personalpronomen	Person, Zahl, Fall	Personalpronomen	Person, Zahl, Fall

Personalpronomen in der Anrede

Bei der persönlichen Anrede unterscheidet man die freundschaftliche, **vertraute Form** (**du/Du, dein/Dein, dich/Dich, euer/Euer** ...), die in der Regel mit kleinem Anfangsbuchstaben geschrieben wird. In Briefen kann die vertrauliche Anrede auch großgeschrieben werden. Die **höfliche Form** (**Sie, Ihnen, Ihr** ...) wird immer mit großem Anfangsbuchstaben geschrieben.

Ü 75 **Setze in diesen Kurzbrief die Personalpronomen der vertrauten Anrede ein!**

Liebe Silke!

Danke, dass   mir die versprochene DVD in mein Fach gelegt hast. Sobald ich den Film überspielt habe, schicke ich die DVD an   Adresse.
Ich hoffe, es geht   gut und   kannst   über das verlängerte Wochenende gut erholen!

Liebe Grüße sendet
Maria

Ü 76 **Ersetze die vertrauliche Anrede durch die höfliche Form und schreibe den Brief an: „Sehr geehrte Frau Professor Maiwalder!“**

Das Possessivpronomen (Das besitzanzeigende Fürwort)

Das Possessivpronomen steht **vor einem Nomen** und zeigt an, wem was gehört.
Es ist sein Begleiter und **stimmt in Fall, Zahl und Geschlecht mit dem Nomen überein** (wie ein Adjektiv).

	1. Person	2. Person	3. Person
Singular	mein	dein	sein, ihr, sein
Plural	unser	euer	ihr

mein Fahrrad, **dein** Helm, **unsere** Schule

Ü 77

Setze das Possessivpronomen passend zur Person ein!

Wer hat was verloren?

1. Sie sucht **ihre** Füllfeder.
2. Ich suche Sporttasche.
3. Er sucht Turnsackerl.
4. Wir suchen Trainer.
5. Du suchst Federpennal.
6. Ihr sucht Lehrer.
7. Es sucht Fläschchen.
8. Sie suchen Fußball.

Ü 78

Setze bei folgender Geschichte die passenden Possessivpronomen ein!

Superrad mit Superbremsen

Nina erwähnt stolz: „Das ist neues Fahrrad!“
Ihr Schulfreund Tom kennt sich bei Fahrrädern gut aus und möchte einmal mit Rad fahren.
Er hält seinen Fahrradhelm bereits in der Hand und fragt: „Darf ich mir Rad einmal ausborgen und eine Probefahrt machen? Ich habe gerade Sturzhelm dabei!“
Nina übergibt Tom Fahrrad, vorher setzt er sich noch Helm auf. Dann radelt er los.
Nina fürchtet um neues Fahrrad. Sie hört nur die Reifen quietschen und die Bremsen zischen.

Doch da sieht sie Tom und neues Rad wieder. Schulfreund fährt geradewegs auf sie zu, einige Zentimeter vor Füßen bleibt er stehen. Nina schlottern die Knie.
„ Drahtesel liegt super in der Kurve!“, lobt Tom. „ Fahrrad ist gut gefedert und die Schaltung ist einfach zu bedienen!“, schwärmt er weiter.
„Und es hat, Gott sei Dank, Superbremsen!“, unterbricht ihn Nina etwas bleich.

Ü 79

Setze das Personalpronomen passend zur Person des Possessivpronomens ein!

Wer hat was gefunden?

1. **Wir** finden unser Klassenbuch.
2. findet ihre Handtasche.
3. findet seine Schultasche.
4. findest deinen Schülerausweis.
5. findet seine Decke.
6. finde meine Brille.
7. findet euren Sitzplan.
8. findet ihre Bücher.

Ü 80

Ersetze das unterstrichene Nomen und seinen Zusatz jeweils durch das passende Personalpronomen!
Markiere die Sätze, in denen sich ein Possessivpronomen findet!

1. Schneewittchen wohnt bei den sieben Zwergen. ihnen
2. Der böse Wolf verschlingt die Großmutter. ____
3. Der Müllersbursch verliert seinen Mühlstein. ____
4. Die Gänsemagd hilft ihrem Pferd Falada. ____
5. Rumpelstilzchen will das Königskind holen. ____
6. Das tapfere Schneiderlein überlistet den Riesen. ____
7. Der Prinz küsst das Dornröschen wach. ____
8. Die Hexe lockt Hänsel und Gretel ins Haus. ____
9. Die goldene Kugel fällt der Prinzessin in den Brunnen. ____

Ü 81

Unterstreiche die Personalpronomen und Possessivpronomen im folgenden Text!

Worüber ich mich ärgern kann

Wenn ich meinen Computer starte und sofort eine Fehlermeldung erhalte, weil er keinen Zugriff auf das CD-ROM-Laufwerk findet, dann werde ich ärgerlich.
Wenn mir meine Freunde in der Schule erzählen, wie toll ihr neues Computerspiel läuft, und ich meinen Computer nicht einmal starten kann, dann bin ich „sauer".
Wenn mein bester Freund zu mir kommt, meinen Computer einschaltet, seine CD-ROM einlegt und das Spiel problemlos startet, dann könnte ich aus der Haut fahren.
Wenn er dann auch noch das Autorennen gegen mich gewinnt, weil ich ja kein einziges Mal auf meinem Computer üben konnte, platze ich fast vor Wut.
Aber am ärgerlichsten ist, wenn er mir dann noch mit seinen gut gemeinten Ratschlägen kommt und meint: „Du musst deine CD-ROM schon mit der richtigen Seite nach unten einlegen, sonst verursachst du eine Störung!", dann nämlich bin ich wirklich gedemütigt.
Es kostet mich dann viel Beherrschung, ihn nicht sofort verärgert anzubrüllen. „Ich bin ja kein ahnungsloser Höhlenmensch!", möchte ich schreien. „Mein Computer hat seine ganz persönliche Störung, nicht ich!"

Ü 82

Setze Personalpronomen und Possessivpronomen ein!

Skateboardtrainer unerwünscht

Tobias übt im Hof mit ______ Skateboard. Tamara, ______ Schwester, sitzt bequem im Schatten und gibt ______ gute Tipps. Das stört ______ sehr.
Da fährt ______ mit dem Skateboard in den nahen Park. Dort will ______ am Spielplatz ungestört ______ Training fortsetzen.
Die kleinen Kinder in der Sandkiste lachen über ______, weil er öfters hinfällt. Das mag ______ gar nicht und ______ ärgert sich über ______.
Ein kleiner Junge fährt mit ______ Dreirad zu ______ und flüstert freundlich: „So musst ______ treten!" Tobias ist verärgert und gibt ______ keine Antwort.
Tobias denkt nur: „Beim Skateboardbewerb habe ______ den dritten Platz erreicht und jetzt wollen ein kleines Kind und ______ unsportliche Schwester ______ Training übernehmen! Das ist ______ zu viel!"

Das Demonstrativpronomen (Das hinweisende Fürwort)

Demonstrativpronomen **weisen auf etwas hin**. Sie können **vor** einem Nomen oder **statt eines Nomens** stehen.

dieser/dieses/dieser, jener/jene/jenes, derjenige/diejenige/dasjenige, derselbe/dieselbe/dasselbe, solcher/solche/solches

Auch **der, die, das** gehören dazu. Im Unterschied zum Artikel als Begleiter des Nomens will das Demonstrativpronomen ganz besonders auf etwas oder jemanden hinweisen.

an **der** Stelle dort, auf **dem** Sitzplatz, **der** Sommerhit

Nimm **dieses** Stück Kuchen!
Der Modehit des Sommers
Ich verstehe **das** nicht!
Besorge mir bitte **solche** Schuhe! **Jene** hier sind nicht so bequem.
Derselbe Mann war gestern auch schon da.

Ü 83

Unterstreiche in den Sätzen die Demonstrativpronomen!

1. Dieses Mädchen geht in dieselbe Klasse wie du.
2. Jene, die auf Schikurs fahren, mögen sich in der Aula versammeln.
3. Derjenige, der dieses Jahr den Sprachwettbewerb gewonnen hat, bekommt diesen Buchgutschein.
4. Solche motivierten Schüler brauchen wir bei diesem Projekt.
5. Derselbe Schüler, der unsere Tafel beschmiert hatte, beleidigte dann noch unseren Klassensprecher.
6. In der Pause spielen immer dieselben Buben im Schulhof Fußball.
7. Der war es!

Ü 84

Unterstreiche alle Pronomen und Artikel und gib an, um welche es sich handelt!

1. Dieses Spiel, nämlich „Activity“, habe ich zu Weihnachten bekommen. Es ist das Lieblingsspiel meiner Familie.
2. Wir folgen eurer Einladung und kommen schon morgen zu euch.
3. Diese Antwort ist richtig.
4. Sie wollte mir den Bleistift nicht borgen.
5. Wir tauschten unsere Adressen aus.
6. Ich esse gerne ein Scherzerl. Es ist das Beste vom Brot.
7. Jener Mann hat sein Versprechen gebrochen.
8. Sie feierten seinen Geburtstag in unserem Lokal.

Das Relativpronomen (Das bezügliche Fürwort)

Das Relativpronomen leitet einen **Attributsatz** (Beifügesatz) ein und **bezieht sich auf ein Nomen** des vorangegangenen Satzes.

der, die, das – in allen grammatikalischen Fällen
(welcher, welche, welches, wer, was. Darüber lernst du aber erst in der 3. Klasse.)

Er ist ein Schüler, **der** sich sehr bemüht.

Das ist ein Buch, **das** von Jugendlichen gerne gelesen wird.

Er ist ein Freund, mit **dem** man Pferde stehlen kann.

Ü 85 **Füge das fehlende Relativpronomen ein und zeichne einen Pfeil zum Nomen, auf das es sich bezieht!**

1. Diese Katze aus dem Tierheim ist ein Tier, ____ viel Liebe braucht.
2. Sie ist ein Mädchen, ____ immer im Mittelpunkt stehen will.
3. Er brachte den Einkauf, ____ ich gestern bestellt hatte.
4. Wohin hast du die Servietten gegeben, ____ ich neulich gekauft habe?
5. Benjamin verlor den Einkaufszettel, ____ ich ihm in den Korb gelegt hatte.
6. Das ist der Lehrer, bei ____ ich die Prüfung ablegen musste.

Ü 86 **Verändere die einzelnen Fügungen nach vorgegebenem Beispiel so, dass du ein Relativpronomen benötigst!**

ein mit einem Roller fahrendes Kind – ein Kind, **das** mit einem Roller fährt

1. ein mit Erdbeeren belegter Obstkuchen
2. das von Konsumenten getestete Produkt
3. eine um die Wette schwimmende Schulklasse
4. der immer zu lustigen Streichen aufgelegte Friederich
5. der von vielen Schülern besuchte Ball
6. ein vor Angst zitterndes Kätzchen

Das Relativpronomen **das** darf nicht mit dem Bindewort **dass** verwechselt werden.

Schlusstest

Ü 87 **Schreibe die deutsche Bezeichnung zu den lateinischen Namen!**

Personalpronomen (Pp) ____________________

Possessivpronomen (Pop) ____________________

Demonstrativpronomen (Dp) ____________________

Relativpronomen (Rp) ____________________

Ü 88 **Unterstreiche alle gelernten Pronomen in der folgenden Fabel und gib an, um welche es sich handelt! Trage die gefundenen Pronomen in die Zeilen unterhalb ein! Verwende die Abkürzungen aus Ü 87!**

Der kluge Rabe und die geschwätzige Elster

Es gibt ein Sprichwort: „Derjenige, der zu viel schwatzt, der lügt immer etwas dazu.“
Diese Geschichte wird dazu erzählt:
Der Rabe und die Elster begegneten einander im Wald. Dieselbe Elster flog um den Raben herum und schwatzte andauernd von ihrer Beute. Jener Rabe gab aber keine Antwort und schaute diese Angeberin prüfend an. Das stimmte die Elster nachdenklich und sie fragte: „Warum schaust du mich so prüfend an? Es scheint mir, du glaubst meinen Worten nicht!“
„Das stimmt“, antwortete dieser, „ich glaube dir nicht alles. Derjenige, der zu viel schwatzt, der lügt immer etwas dazu.“
Da schämte sich der geschwätzige Vogel, denn der Rabe hatte Recht.

(Frei erzählt nach einer russischen Fabel)

Insgesamt findest du 24 Pronomen!

Es: Pp; ____________________

____

____

____

____

Kompetenz-Check

Das kann ich jetzt!

Kreuze an, was zutrifft! Falls du dich bei dem einen oder anderen Punkt noch nicht sicher fühlst, blättere nochmals zurück und wiederhole diesen Abschnitt!

	Ich kann ...	Falls ich noch unsicher bin, kann ich hier nachschlagen:
☐	... Personalpronomen (persönliche Fürwörter) in Person, Zahl und Fall erkennen.	S. 46
☐	... Personalpronomen in der Anrede richtig setzen.	S. 47
☐	... Possessivpronomen (besitzanzeigende Fürwörter) passend zur Person setzen.	S. 48
☐	... Possessivpronomen Personen passend zuordnen.	S. 49
☐	... Nomen durch Personalpronomen ersetzen.	S. 49
☐	... Possessivpronomen und Personalpronomen erkennen und richtig einsetzen.	S. 50
☐	... Demonstrativpronomen (hinweisende Fürwörter) erkennen.	S. 51
☐	... Relativpronomen (bezügliche Fürwörter) erkennen und Nomen zuordnen.	S. 52
☐	... die einzelnen Pronomen unterscheiden und benennen.	S. 51

Die Präpositionen (Die Vorwörter)

Mithilfe von Präpositionen **fügst** du **Satzglieder und Satzgliedteile aneinander**.
Präpositionen sagen etwas darüber aus, in welchem Verhältnis die Dinge und Personen zueinander stehen.
Präpositionen **stehen vor Nomen oder Pronomen** und **verlangen einen bestimmten Fall**.

Mithilfe von Präpositionen kannst du den **Zeitpunkt** und auch den **Standort** angeben.

Ort: Ich liege **am Strand**. (Wo?)
Ich lege mich **unter den Sonnenschirm**. (Wohin?)

Zeit: **Nach dem Unterricht** spielen wir Fußball. (Wann?)

Ü 89

Unterstreiche alle Präpositionen in der folgenden Geschichte!

Fortschritt der Technik

Gestern war meine kleine Cousine Sophie auf Besuch bei uns. Sie wird im Mai fünf Jahre alt. Schnell huschte die Kleine in das Wohnzimmer und schaute interessiert herum. Mit ihren kleinen Händen griff sie nach allem, was sie erreichen konnte. Andauernd stellte sie Fragen und bat um etwas.
Plötzlich war sie still und zeigte verwundert auf meinen alten Plattenspieler. Mit erstauntem Gesichtsausdruck stand sie neben dem alten Gerät. „Toll, Christian", rief sie begeistert, „so große schwarze CDs habe ich noch nie gesehen!"
Ich musste zuerst über ihre Bemerkung sehr lachen, denn wie sollte sie auch wissen, dass das ein Plattenspieler mit einer Langspielplatte war. Dann aber dachte ich an das Alter der Platte. Diese Langspielplatte war nicht älter als 20 Jahre. Als ich so alt war wie Sophie heute, war dieses „Uraltgerät" für mich der modernste Apparat und auf der Platte war der neueste Hit.
Was wird wohl Sophie in 20 Jahren ihrer kleinen Cousine sagen, wenn diese auf eine kleine silberne Scheibe und auf den CD-Player zeigt?

Präpositionen verlangen einen **bestimmten Fall** des folgenden Nomens oder Pronomens.

Häufig vorkommende Präpositionen, die

- den **3. Fall** verlangen: aus, außer, bei, mit, nach, von, seit, zu
- den **4. Fall** verlangen: durch, für, gegen, ohne, um
- den **3. oder 4. Fall** verlangen: an, auf, hinter, in, neben, über, unter, vor, zwischen
  FRAGE: **WO? = 3. Fall**
  FRAGE: **WOHIN? = 4. Fall**
- den **2. Fall** verlangen: anstelle, außerhalb, bezüglich, diesseits, infolge, innerhalb, jenseits, oberhalb, seitens, statt, trotz, während, wegen …

Ü 90

Ergänze die richtige Präposition und den Artikel im richtigen Fall!

1. Otto stellt sein Fahrrad **in den** Keller. (Wohin? **4. Fall**)
2. Sein Rad steht jetzt ______ Keller. (Wo? ______)
3. Simon legt das Lesebuch ______ Tisch. (Wohin? ______)
4. Jetzt liegt das Buch ______ Tisch (Wo? ______)
5. Katja plantscht ______ Badewanne. (Wo? ______)
6. Ich lege mich ______ Luftmatratze. (Wohin? ______)
7. Sie geht ______ Abstellraum. (Wohin? ______)
8. Er fährt ______ Masten. (Wohin? ______)
9. Sie spielen ______ Rasen. (Wo? ______)
10. Du setzt dich ______ Rasen. (Wohin? ______)

Ü 91

Setze die Präposition ein und schreibe den Fall und das Fragewort, mit dem du nach den unterstrichenen Wörtern fragst, in die Klammer!

1. Karin fährt mit ihren Inlineskates **auf** dem großen Parkplatz. (**Wo? 3. Fall**)
2. Das Haus steht mitten ______ Park. (______)
3. Das Bild hängt ganz genau ______ dem Schreibtisch. (______)
4. Der Kübel steht versteckt ______ dem Tisch. (______)
5. ______ diesem Baum wachsen Marillen. (______)
6. Er fährt ______ der Bahn ______ die Schule. (______) (______)
7. Der Anzug hängt ______ großen Wandhaken. (______)
8. Julian fährt ______ dem Roller ______ den Kindergarten. (______)
   (______)
9. Sie gießt die Milch ______ den Kaffee. (______)

Verben gehen **mit bestimmten Präpositionen feste Verbindungen** ein.
Merke sie dir!

denken **an** jemande**n**
bitten **um** etwas
sorgen **um** jemande**n**
sorgen **für** jemande**n**
fürchten **vor** jemande**m**
riechen **nach** etwas

Ü 92

Setze die richtige Präposition und gegebenenfalls den richtigen Fall ein!

1. Ich bereite das Abendessen _____ unsere __ späten Gast.
2. Ich denke _____ meine __ Freund Paul.
3. Ich bitte _____ etwas Geduld.
4. Ich sorge mich _____ meine __ kranken Großvater.
5. Ich sorge _____ de __ kleine __ Kater.
6. Ich fürchte mich nicht _____ de __ nächste __ Schularbeit.
7. Ich rieche _____ gepresste __ Knoblauch.
8. Ich bereite mich _____ de __ morgige __ Musiktest vor.

Ü 93

Verbessere die falsch verwendeten Präpositionen!

1. Er lehnte sich auf den Baum. (falsch) Er lehnte sich **an** den Baum. (richtig)
2. Dein Name steht in der Liste. _____
3. Sie legt die Hefte an den Schreibtisch. _____
4. Ich nehme eine Tablette für Kopfweh. _____
5. Sie verbringen die Ferien im Wörthersee. _____
6. Wir fahren aus Villach nach Wien. _____
7. Die Ente setzte sich auf das Seeufer. _____
8. Er fuhr auf den Baum. _____
9. Sie reisen aus Venedig nach Rom. _____

Das Adjektiv (Das Eigenschaftswort)

Mit einem Adjektiv kannst du die **Eigenschaften** eines Lebewesens, eines Dinges oder eines Vorgangs beschreiben. Es wird kleingeschrieben.

Ein Adjektiv, das **vor einem Nomen** steht, **beschreibt** dieses **genauer**.
Es steht im **gleichen Fall** wie das Nomen. Es ist als **Beifügung zum Nomen** verwendet. Für Beifügung kannst du auch **Attribut** sagen.

ein **großer** Bagger, die **rote** Rose, **gute** Reise

Ein als Attribut verwendetes **Adjektiv erfragst** du mit **„Was für ein(e)?“**

ein **großer** Bagger	**Was für ein …?**
die **rote** Rose	**Was für eine …?**

Ü 94

Setze das Adjektiv als Attribut zu einem Nomen!

1. **schwer**: Erwin trägt den ________ Rucksack.
2. **ruhig**: Er sucht ein ________ Plätzchen.
3. **kalt**: Bei ________ Wetter geht unser Hund nicht gern spazieren.
4. **braun**: Walter trägt heute eine ________ Krawatte.
5. **voll**: Sie spricht mit ________ Mund.
6. **hell**: Es passierte bei ________ Mondschein.
7. **alt**: In unserem Garten steht ein ________ Kastanienbaum.
8. **sonnig**: Bei ________ Wetter machen wir eine Wanderung.
9. **leer**: Du hast mir eine ________ Flasche gegeben.
10. **laut**: Bei diesem ________ Krach kann ich nichts hören.

Stark oder schwach gebeugte Adjektive

Adjektive können **stark oder schwach gebeugt** werden.
Adjektive sind **stark** gebeugt, wenn der **Fall** des Nomens **von keinem Begleiter angezeigt wird**.
Adjektive sind **schwach** gebeugt, wenn der **Fall** des Nomens **vom Begleiter** (Artikel, Pronomen) **angezeigt wird**.

starke Beugung	schwache Beugung
bei schlechte**m** Wetter	bei de**m** schlechte**n** Wetter
nach lange**r** Fahrt	nach eine**r** lange**n** Fahrt
von große**m** Wert	von diese**m** große**n** Wert
bei kühle**m**, regnerische**m** Wetter	bei diese**m** kühle**n**, regnerische**n** Wetter
bei kühle**m** und regnerische**m** Wetter	bei diese**m** kühle**n** und regnerische**n** Wetter

Ü 95

Setze das Adjektiv in der richtigen Form ein und schreibe in die Klammer, ob starke (st) oder schwache (sch) Beugung vorliegt!

1. **klein:** Wir wohnen in einer __________ (______) Wohnung in einer __________ (______) Stadt.
2. **groß:** Ich hatte __________ (______) Hunger, weil ich noch nichts gegessen hatte.
3. **anstrengend:** Nach __________ (______) Autofahrt konnte er sich endlich ausrasten.
4. **lang und beschwerlich:** Während dieser __________ (______) Reise bekam sie Heimweh.
5. **fern:** In __________ (______) Zukunft werden mehr Autos mit Strom fahren.
6. **sonderbar, unheimlich:** Sie hatte einen __________ (______) Fremden mitgebracht.
7. **groß:** Mit __________ (______) Geschick reparierte er meine Waschmaschine.
8. **grasgrün:** Die Bank wurde mit __________ (______) Farbe gestrichen.
9. **leer:** Mit __________ (______) Taschen stand ich da.
10. **grob:** Dieses Kleid ist aus __________ (______) Leinen gemacht.

Ü 96

Unterstreiche die vier Adjektive mit starker Beugung aus Übung 94!

Adjektive, die sich **auf Nomen beziehen**, schreibst du **klein**.
Das trifft auch dann zu, wenn das Adjektiv nicht unmittelbar vor dem Nomen steht.

Er isst gerne Kirschen, besonders die **dunklen** (Kirschen).

Ü 97

Übertrage die Blockbuchstaben in Schreibschrift!
Unterstreiche die Nomen, auf die sich die Adjektive beziehen!

Achtung, Fallen: Einige Adjektive beziehen sich nicht auf ein Nomen.

1. Er interessiert sich für Autos, besonders für die SCHNELLEN (Autos).
2. Sie liebt Torten, besonders die CREMIGEN.

3. Mona verbrachte vier Tage in Venedig, es waren die SCHÖNSTEN ihres Lebens.
4. Sie trägt gerne Hüte, besonders die GROSSEN.
5. Julia trägt gerne WEITE Hosen und GROSSE Pullis.
6. Günter ist der FLEISSIGSTE von meinen Schülern.
7. Ich habe alle meine Katzen gern, besonders aber mag ich die KLEINEN.
8. David sucht sich etwas GUTES zum Nachtisch aus.
9. Lisa verträgt nichts FETTES.
10. Tante Martha beschäftigt sich viel mit Kunst, besonders mit der MODERNEN.
11. Onkel Alfred isst gerne Brot, besonders das DUNKLE.
12. Sie ist meine liebste Schwester, aber auch die EINZIGE.
13. Opa singt gerne Volkslieder, besonders die ALTEN.
14. Daniel erzählte uns viel INTERESSANTES über Afrika.

Wie Adjektive gebraucht werden

Ein Adjektiv kann als Beifügung (**Attribut**) zum Nomen verwendet werden.
Es wird gebeugt und steht im gleichen Fall wie das Nomen.
Du erfragst das **Attribut** mit: **„Was für ein(e)?“**

ein **großer** Bagger, die **rote** Rose

Ein Adjektiv kann in Sätzen mit bestimmten Verbformen von **sein und werden** (ist, sind, war, werden …) stehen. Es gehört dann zum **Prädikat** und kann nicht gebeugt werden.
Du erfragst dieses **Adjektiv** mit: **„Wie ist (war) er / sie / es?“**
„Wie sind (waren) sie?“

Der Bagger ist **groß**. Die Rosen sind **rot**. Die Ferien waren **toll**.

Ein Adjektiv kann in Sätzen mit jedem Verb stehen.
Es **bezieht sich** dann **auf dieses Verb** und beschreibt es näher.
Es wird adverbiell verwendet. (Ad-verb = zu einem Verb gehörend)
Es kann nicht gebeugt werden.
Du erfragst es mit: **„Wie fährt der Bagger?“**
„Wie blühen die Rosen?“

Der Bagger fährt **schnell**. Die Rosen blühen **rot**.

Adjektiv verwendet als:	Beispiele/Frage:
Beifügung zum Nomen (**attributiver** Gebrauch)	Auf dieser **neuen** Baustelle arbeiten **große** Bagger. (Was für eine/ein?)
mit Verbformen von sein, werden (**prädikativer** Gebrauch)	Die Baustelle ist **neu**. Die Bagger sind **groß**. (Wie ist/sind ...?)
nähere Beschreibung eines Verbs (**adverbieller** Gebrauch)	Der Baggerführer arbeitet **fleißig**. (Wie arbeitet ...?)

Ü 98

Unterstreiche in den Sätzen das adverbiell gebrauchte Adjektiv!

1. Das Kind weint laut. (Wie weint das Kind? laut)
2. Der Hund knurrt sehr böse.
3. Die Bedienung fragt höflich.
4. Peter schwimmt schlecht.
5. Der Kaffee schmeckt hier sehr gut.
6. Sein Auto fährt schnell.
7. Diese Musik macht mich verrückt.
8. Die Schnecke kriecht langsam.
9. Die Schüler arbeiten konzentriert.
10. Er trinkt rasch aus.

Ü 99

Unterstreiche in den Sätzen die Adjektive und stelle fest, wie sie gebraucht werden!

Adjektiv	Gebrauch
Mein Freund fuhr krank nach Hause.	________
Der Spielfilm ist langweilig.	________
Die Kellnerin bediente uns freundlich.	________
Morgen wird das Wetter wieder schön.	________
Er isst noch schnell die Nachspeise.	________
Im Kino wird ein gruseliger Film gezeigt.	________
Hier ist es sehr kalt und dunkel.	________
Wir aßen einen köstlichen Mandelkuchen.	________
Freundlich winkte sie uns zu.	________
Die Schaffnerin war sehr freundlich.	________
Die neue Sommerhits-CD gibt es schon zu kaufen.	________

Adjektive – groß oder klein?

Du erinnerst dich, was du über die Großschreibung von Adjektiven (und Verben) schon gelesen hast. Unter bestimmten Voraussetzungen werden Adjektive (und Verben) zu Nomen.
Achte auf die Begleiter der Adjektive!

Ü 100

Setze das Adjektiv jeweils richtig ein!
Unterstreiche die Begleiter der Adjektive, die für ihre Großschreibung verantwortlich sind!

1. **großartig**: Er hat schon viel _____ geleistet.
   In seinem _____ Vortrag hat er darüber erzählt.
   Er spricht _____ von seinen neuen Mitarbeitern.
2. **interessant**: Dieses _____ Buch habe ich schon ausgelesen und werde darüber ein _____ Referat halten.
3. **echt**: Sie trägt nur _____ Schmuck.
   Die Diebe erwischten nichts _____.
4. **schön**: Jeder freut sich, wenn er etwas _____ erlebt.
   Wir schenkten ihr einen _____ Blumenstrauß.
   Sie kann sehr _____ singen.
5. **gut**: Sie wünschten ihm alles erdenklich _____.
   Er lobte diesen _____ Tropfen.
6. **klein**: Man sollte auch an _____ Dingen seine Freude haben.
   Das _____ sieht man kaum.
7. **alt**: Auch _____ kann wertvoll sein.
   Sie trägt nur _____ Kleider vom Flohmarkt.
8. **frisch**: Meine Kinder essen täglich _____ Salat.
   Besonders die _____ Luft schätze ich hier.
9. **riesig**: Etwas _____ warf seinen Schatten auf unser Auto.
   Ich hatte _____ Durst.
   Er freute sich _____ über unseren Besuch.
10. **bunt**: Sie können auch _____ mit diesem Waschmittel waschen.
    Das wird mir aber jetzt doch zu _____.
    Sie strickt einen _____ Schal.

Steigerungsstufen

Die meisten Adjektive lassen sich **steigern** (Komparation).
Es gibt **drei Vergleichs-** oder **Steigerungsstufen**: Grundstufe – Mehrstufe – Meiststufe.

Positiv/Grundstufe	**Komparativ/Mehrstufe**	**Superlativ/Meiststufe**
schlau	schlau**er**	(am) schlau**esten**
lang	läng**er**	(am) läng**sten**

Ü 101 **Steigere die Adjektive aus Übung 100!**

Positiv/Grundstufe	**Komparativ/Mehrstufe**	**Superlativ/Meiststufe**
großartig		
interessant		
echt		
schön		
gut		
klein		
alt		
frisch		
riesig		
bunt		

Wenn du unsicher bist, ob ein Wort ein Adjektiv ist, dann versuche dieses Wort zu **steigern**, denn das ist **nur bei Adjektiven möglich**.

hoch – höher – (am) höchsten

Wenn du unsicher bist, wie der **Auslaut bei einem Adjektiv** geschrieben wird, kannst du die Vergleichsformen auch als Rechtschreibhilfe anwenden.

har**t** – här**t**er – am här**t**esten
gesun**d** – gesün**d**er – am gesün**d**esten

Partizipien als Adjektive

Partizipien werden häufig **als Adjektive** verwendet.

1. Partizip (Mittelwort der Gegenwart):
eine spannen**de** Geschichte, der springen**de** Punkt

2. Partizip (Mittelwort der Vergangenheit):
eine **ge**lungene Veranstaltung, der **ge**fundene Geldschein

Schlusstest

Ü 102

Setze im folgenden Märchen von Hans Christian Andersen jeweils den fehlenden ersten Buchstaben bei den Adjektiven ein!
Achte auf die Groß- und Kleinschreibung!

Die Nachtigall

Der Kaiser von China wohnte in einem __rächtigen Schloss, das von einem __errlichen Park umgeben war.
In den Zweigen eines __ohen Baumes hatte eine Nachtigall ihr Nest.
Sie sang so __underbar, dass mancher, der ihr Singen hörte, die __chönsten Gedichte über ihren Gesang schrieb.
Eines dieser Gedichte kam einmal dem __hinesischen Herrscher in die Hand und er befahl diese Nachtigall zu suchen.
Man brachte ihm den Vogel. Der Kaiser hatte schon viel __roßartiges gehört, doch noch nie so etwas __errliches wie den __ieblichen Gesang dieser Nachtigall.
So blieb der Vogel am Hof des Kaisers und lebte in einem __oldenen Käfig.
Eines Tages erhielt der Kaiser eine __ünstliche Nachtigall, die über und über mit den __euersten Edelsteinen besetzt war. Die __leine Nachtigall sollte nun gemeinsam mit dem __ünstlichen Vogel singen, doch sie floh __eimlich in den Wald.
Bald danach zerbrach in der __nechten Nachtigall eine Feder und diese konnte nicht mehr singen.
Der Kaiser wurde sehr __rank und fühlte schon den Tod __äher kommen. Da hörte er vom Fenster her den __underbarsten Gesang, denn die __leine Nachtigall war gekommen, um ihm Trost und Hoffnung zu spenden und ihm alles __ute zu wünschen.
Die __roße Freude über den Gesang machte den __odkranken Kaiser __esund.
Wenn er abends zu Bett ging, saß die Nachtigall in den Zweigen und sang so __errlich, dass es dem Kaiser __roh und __eicht um sein Herz wurde.

(Frei erzählt nach einem Märchen von H. C. Andersen)

Ü 103

In der folgenden Geschichte finden sich 14 Adjektive (darunter auch als Adjektive gebrauchte Partizipien und ein nominal gebrauchtes Adjektiv).
Suche sie und unterstreiche sie im Text!
Trage anschließend die gefundenen Wörter in die Zeilen unterhalb ein und gib an, wie sie grammatikalisch gebraucht werden!

Mein Rad?

Als wir gestern das Schulgebäude verließen, stand mein altes Rad, das ich in der Früh abgestellt hatte, nicht mehr im Fahrradständer.
„Ohne mein Fahrrad gehe ich nicht nach Hause, das ist sicher!“, rief ich laut und regte mich furchtbar auf.
Beim weiteren Nachsehen stellte ich fest, dass das „verschwundene“ Fahrrad doch ein paar Schritte weiter stand und ich das nicht bemerkt hatte.
„Das übereilte Aufregen schadet deiner Schönheit!“, meinte meine beste Freundin.
„Ich habe schon manches Eigenartige erlebt“, meinte ich, „aber mein Rad schaut heute neuer und schöner aus!“
„Vielleicht liegt eine Verwechslung vor und irgendjemand radelt jetzt mit deinem alten Drahtesel durch die Gegend!“, meinte meine lachende Freundin.

altes – attributiver Gebrauch;
____
____
____
____
____

Kompetenz-Check

Das kann ich jetzt!

Kreuze an, was zutrifft! Falls du dich bei dem einen oder anderen Punkt noch nicht sicher fühlst, blättere nochmals zurück und wiederhole diesen Abschnitt!

	Ich kann ...	Falls ich noch unsicher bin, kann ich hier nachschlagen:
☐	... Präpositionen (Vorwörter) erkennen und passend einsetzen.	S. 55, 56, 57
☐	... Präpositionen mit dem richtigen Fall verwenden.	S. 56
☐	... Präpositionen und ihre festen Verbindungen mit Verben kennen.	S. 57
☐	... Adjektive erkennen und als Attribute zu Nomen verwenden.	S. 58
☐	... stark und schwach gebeugte Adjektive erkennen.	S. 59
☐	... Adjektive in ihrem Gebrauch (attributiv, prädikativ oder adverbiell) unterscheiden.	S. 60, 61
☐	... Adjektive in ihrer Groß- und Kleinschreibung unterscheiden.	S. 62
☐	... Adjektive steigern.	S. 63
☐	... Partizipien, die als Adjektive verwendet werden, erkennen.	S. 63

Das Adverb (Das Umstandswort)

Adverbien (Umstandswörter) geben an, **wo, wann, wie, warum** etwas ist oder geschieht. Man kann sie in der Regel **nicht beugen**, das heißt: Sie ändern sich nicht.

Adverbien geben die genaueren Umstände eines Geschehens an.
Sie machen Angaben
- zum **Ort**: Du erfragst sie mit **Wo? Woher? Wohin?**
- zur **Zeit**: Du erfragst sie mit **Wann? Seit wann? Wie lange?**
- zur **Art und Weise**: Du erfragst sie mit **Wie?**
- zur **Begründung**: Du erfragst sie mit **Warum? Weshalb?**

Die Katze liegt **dort**. ⟶ **Wo?** Umstandswort des **Ortes** (Lokaladverb)
Sie kommt **morgen**. ⟶ **Wann?** Umstandswort der **Zeit** (Temporaladverb)
Es regnete **kaum**. ⟶ **Wie?** Umstandswort der **Art und Weise** (Modaladverb)
Darum konnte er nicht kommen. ⟶ **Warum?** Umstandswort des **Grundes** (Kausaladverb)

Häufig verwendete **Umstandswörter** sind:
- **des Ortes** (Lokaladverbien): da, hier, dort, oben, unten, rechts, links, überall, außen, herunter, hinauf, innen …
- **der Zeit** (Temporaladverbien): jetzt, früh, spät, nie, heute, morgen, nun, gestern, damals, einst, lange, sofort, bisher, nachher, augenblicklich …
- **der Art und Weise** (Modaladverbien): sehr, gern, so, fast, besonders, völlig, ziemlich, vielleicht, genauso, kaum, ganz, sicherlich, auch …
- **des Grundes** (Kausaladverbien): daher, darum, deshalb, folglich, also, damit, sonst, infolgedessen, trotzdem …

Ü 104

Unterstreiche in den Sätzen die Adverbien! Schreibe das Fragewort dazu!

1. Hier können Sie gratis im Internet surfen.
2. Jetzt ist es Zeit für eine Pause.
3. Einst lebte hier ein reicher Graf.
4. Überall liegen Glasscherben.
5. Dieses Spiel spiele ich gern.
6. Er kommt deshalb vorbei.
7. Die Handtücher liegen oben im Regal.
8. Die Angaben stimmten ziemlich überein.
9. Deshalb brauchst du dich nicht zu ärgern!
10. Ich fahre sofort weg.

Ü 105 **Ordne die Adverbien (Umstandswörter) in die Tabelle, indem du sie mit den Fragewörtern erfragst! Keine leichte Aufgabe, aber du solltest dir die zu Beginn des Kapitels erwähnten Adverbien vorher genau einprägen!**

gestern, dann, sonst, auch, hier, oben, kaum, damals, trotzdem, gern, da, so, jetzt, ziemlich, spätestens, vielleicht, morgen, fast, augenblicklich, innerhalb, rechts, oft, dadurch, immer, infolgedessen, dort, vorne, überall, dazwischen, sehr, damit, sicherlich, folglich, also

Ort	Zeit	Art und Weise	Grund
____	____	____	____
____	____	____	____
____	____	____	____
____	____	____	____
____	____	____	____
____	____	____	____
____	____	____	____
____	____	____	____
____	____		

Ü 106 **Unterstreiche die Adverbien und gib an, um welche es sich handelt!**

1. Eva musste heute zwei Stunden warten.
2. Bernd hat sich umsonst bemüht.
3. Beinahe hätte ich die Schultasche vergessen.
4. Jutta hat überall gesucht.
5. Das Warten war nahezu endlos.
6. Hans kommt sehr gern zu dir.
7. Einmal sind wir gemeinsam im Theater gewesen.
8. Ich kann ihn deswegen nicht leiden.
9. Bisher verkauften wir am Flohmarkt eine Kiste mit Büchern.
10. Das gefällt mir besonders.
11. Das hätte ich genauso gemacht.
12. Das Buch liegt darunter.

Die meisten **Adjektive und Partizipien** kannst du auch **adverbiell verwenden**.

Die Konjunktionen (Die Bindewörter)

Konjunktionen (Bindewörter) **können Wörter, Wortgruppen oder Sätze miteinander verbinden**. Sie drücken aus, welche Beziehung zwischen den Wörtern, Wortgruppen und Sätzen besteht.

Sehr häufig verwendete Konjunktionen sind:
und, weil, da, obwohl, als, wenn, dass, sodass, während, oder, aber, denn …

Vor einer **Konjunktion**, die Sätze miteinander verbindet, steht **ein Beistrich**.
Es gibt jedoch Ausnahmen:

- Vor **und** oder **oder** kommt **kein Beistrich**, wenn die beiden verbundenen Hauptsätze ein gemeinsames Subjekt haben.

  Sie besuchte mich **und** brachte auch ihre beiden Freundinnen mit.
  Er fuhr mit dem Rad nach Hause **oder** nahm den Bus.
  Thomas fährt einkaufen **und** nimmt auch Lisa zum Turnen mit.

- Vor **und** oder **oder** kannst du **einen Beistrich** setzen, wenn die beiden verbundenen Hauptsätze jeweils ein eigenes Subjekt haben (= vollständige Hauptsätze sind).

  Meine Mutter kocht morgen Spagetti **(,) oder** sie bäckt uns Pizza.
  Thomas fährt einkaufen **(,) und** er nimmt auch Lisa zum Turnen mit.
  Karin liest ein Buch **(,) und** Patrick schreibt am Computer.

Ü 107

Verbinde je zwei Wortgruppen oder Sätze miteinander und verwende die angeführten Bindewörter!

denn – dass – aber – oder – und – als

1. Kerstin sollte in Deutsch ein Jugendbuch lesen, ______ sie liest lieber Comics.
2. Robin verkauft sein Skateboard, ______ er will sich ein neues kaufen.
3. Anna ______ Corina helfen beim Organisieren des Schulfestes mit.
4. Der Künstler freute sich, ______ so viele Besucher gekommen waren.
5. Es war schon spät, ______ wir von der Party nach Hause kamen.
6. Magst du lieber Kaffee ______ Tee zum Frühstück?

Ü 108 **Verbinde die folgenden Sätze mit dem vorgegebenen Bindewort! Achte auf die Beistrichsetzung!**

1. **und:** Eva geht drei Mal in der Woche reiten ______ zwei Mal in der Woche schwimmen.
2. **weil:** Ich besuche gerne Tante Hilde ______ sie köstlichen Apfelstrudel macht.
3. **oder:** Gehst du mit ins Kino ______ bleibst du zu Hause?
4. **aber:** Ich liebe Fisch ______ ich koche ihn nicht gerne.
5. **weil:** Daniela hat verschlafen ______ ihr Wecker nicht geläutet hat.
6. **oder:** Kommst du morgen ______ wirst du uns erst nächste Woche besuchen?
7. **und:** Andrea gewann den Wettkampf ______ erreichte auch beim Turnier den ersten Platz.
8. **als:** Erich kam erst ______ alles schon vorbei war.
9. **oder:** Meine Schwester fährt nach Griechenland ______ sie verbringt die Ferien wieder in Italien.
10. **dass:** Meine Mutter meint ______ ich sorgfältiger arbeiten sollte.

das – dass

das = Artikel, Pronomen, ERSATZWÖRTER: **dieses, dies, welches, es**

dass = Konjunktion (verbindet Sätze), KEIN ERSATZWORT

Ü 109 **Setze *dass* (Konjunktion) oder *das* (Pronomen, Artikel) richtig ein! Mache die Probe mit den Ersatzwörtern!**

1. Ich hoffe, ______ alle Klassenkollegen in die 3. Klasse aufsteigen können.
2. Er meint, ______ heute der Nachmittagsunterricht entfällt.
3. ______ Mittagessen, ______ ich für dich gekocht habe, steht am Herd.
4. Glaubst du auch, ______ die Deutschschularbeit verschoben wird?
5. Er lernt bereits ______ Gedicht, ______ wir bis übermorgen können müssen.
6. Es ist ein Wunder, ______ nicht mehr passiert ist.
7. Gestern fand ______ Treffen, ______ wir schon lange geplant hatten, statt.
8. Ist es möglich, ______ wir schon bald ______ Ziel erreicht haben?
9. Sie versteht nicht, ______ du ______ gemacht hast.
10. ______ blaue Kleid, ______ du gestern getragen hast, steht dir gut.

Das Wörtchen **das** ist eines der gefährlichsten in der Grammatik, denn es kann einige Wortarten (Artikel, Demonstrativpronomen, Relativpronomen) vertreten und leicht mit dem Wörtchen **dass** (Konjunktion) verwechselt werden.

Das Abendrot ist schön. (Artikel)
Das ist ein schöner Abend. (Demonstrativpronomen)
Ich beobachte ein Kätzchen, **das** im Gras spielt. (Relativpronomen)
Ich hoffe, **dass** dir jetzt alles klar ist. (Konjunktion)

Großer Schlusstest zu den Wortarten

Ü 110

Bestimme die Wortarten!
Schreibe über jedes Wort, welcher Wortart es angehört!

Pers.pron. Verb Poss.pron. Nomen

1. Ich schenke meiner Großmutter zum Geburtstag einen herrlichen Blumenstrauß.
2. Der fleißige Schüler wiederholt täglich die Vokabeln.
3. Später besuchte uns meine Freundin mit dem neuen Fahrrad.
4. Nach der Schularbeit verglichen wir diese Beispiele miteinander.
5. Er und ich bekamen zur Belohnung eine riesige Portion Eis.
6. Letzte Woche hat unsere Mannschaft gegen die Vorjahressieger gewonnen.

Ü 111

Gib von den unterstrichenen Wörtern der folgenden Erzählung die Wortart an!

Der Axtdieb

Ein Mann hatte seine neue Axt verloren und vermutete, dass der Sohn des Nachbarn sie ihm gestohlen hatte. Er beobachtete ihn sehr genau. Sein Gang und sein Blick waren ganz die eines Axtdiebes. Alles, was er tat, sah nach einem Axtdieb aus.

Einige Zeit später fand der Mann zufälligerweise unter einem Bretterhaufen seine Axt.

Am nächsten Tag sah er den Sohn des Nachbarn. Sein Gang und sein Blick waren nicht die eines Axtdiebes.

(Frei erzählt nach einer chinesischen Erzählung)

Ü 112 **Ordne die einzelnen Wörter der folgenden Erzählung richtig in die Zeilen unterhalb des Textes! Ordne die Wörter nach ihrer Wortart, nicht nach ihrer Verwendung! (Du brauchst dieselben Wörter nicht doppelt aufschreiben! Unterstrichene Wörter brauchst du nicht einzuordnen, über sie erfährst du Genaueres in der 3. Klasse!)**

Von der besten und der schlechtesten Sache der Welt

Ein Herrscher befahl seinem Diener, ihm die beste und die schlechteste Sache der Welt zu bringen.
Es dauerte nicht lange und der Diener kam vom Markt zurück. In der Tasche verhüllt trug er einen kleinen leichten Gegenstand.
Er öffnete vor dem Herrscher seine Tasche und zum Vorschein kamen weder Edelsteine noch Perlen oder teure Kostbarkeiten, sondern eine Ochsenzunge.
„Sieh, mein Herrscher, die beste Sache, die man auf Erden finden kann, ist eine Zunge!", begann der Diener. „Mit ihr trösten Mütter ihre Kinder und sprechen Könige Recht. Mit ihr geben Weise ihr Wissen weiter und Gläubige preisen damit Gott."
„Das stimmt", sprach der Herrscher, „aber wo ist die schlechteste Sache der Welt?"
„Sieh, mein Herrscher, die schlechteste Sache, die man auf Erden finden kann, ist eine Zunge!", sagte der Diener. „Mit ihr kränken Menschen ihre Freunde und verfluchen sie. Sie dient zum Lügen und Betrügen und bringt seit Jahrhunderten immer wieder Krieg und sehr großes Leid unter die Menschen."
„Das stimmt", erwiderte der Herrscher und freute sich über seinen klugen Diener und belohnte ihn reichlich.

(Frei erzählt nach einer kubanischen Geschichte)

Nomen: ______________________________

____

____

____

____

Pronomen: ______________________________

____

Adjektiv: ______________________________

____

Adverb: ______________________________

Verb: ______________________________

____

____

____

____

Präposition: ______________________________

Konjunktion: ______________________________

Artikel: ______________________________

Ü 113

Kreuze an, ob die Sätze zur Wortlehre richtig oder falsch sind!
Stelle die falschen Sätze richtig!

	richtig	falsch
1. Die Wörter **hast, bist, wirst** sind Hilfsverben.		
2. Nach dem **Dativ** fragst du mit **WEM**.		
3. Das **Partizip** nennt man auch **Zeitwort**.		
4. Die Wörter **können, sollen, dürfen** gehören zu den **Modalverben**.		
5. Nach dem **Nominativ** fragst du mit **WELCHE**.		
6. **Personalpronomen** nennt man auch **persönliche Fürwörter**.		
7. Die Wörter **und, oder, weil** sind Präpositionen.		
8. **Perfekt, Plusquamperfekt** und **Futur** sind mehrteilige Zeitformen.		
9. Zum **Infinitiv** kann man auch **Mittelwort** sagen.		
10. Es gibt **stark** und **schwach** gebeugte **Verben**.		
11. Nach dem **Akkusativ** fragst du mit **WER** oder **WAS**.		
12. Das **Adjektiv** nennt man auch **Eigenschaftswort**.		
13. Der **Superlativ** ist die **3. Steigerungsstufe**.		
14. **Umstandswörter** werden auch **Adverbien** genannt.		

Ü 114

Überprüfe dein Wissen auf dem Gebiet der Wortlehre!

1. Gib an, in welcher Zeitform folgender Satz steht!
   Ich bin gestern bereits angekommen. ______________________
2. Gib an, ob dieser Satz im Aktiv oder Passiv steht!
   Die letzten Äpfel werden geerntet. ______________________
3. Führe an, warum das Adjektiv hier großgeschrieben wird!
   Das Schönste daran ist die kunstvolle Stickerei.

   ____
4. Führe an, warum das Verb hier großgeschrieben wird!
   Vom vielen Gehen wurde sie ganz müde.

   ____
5. Nenne Begleiter des Nomens! ______________________________
6. Schreibe auf, in welcher Zeit Erzähltes mündlich wiedergegeben wird! ______________
7. Gib an, warum das Adjektiv hier großgeschrieben wird!
   Alles Gute wünschen dir deine Feunde.

   ____
8. Gib an, warum das Verb hier großgeschrieben wird!
   Beim Spazierengehen trafen wir Claudia wieder.

   ____
9. Schreib auf, in welcher Zeit Erzähltes schriftlich wiedergegeben wird! ______________
10. Schreibe auf, wie du nach den Umstandswörtern der Art und Weise, des Ortes, der Zeit und des Grundes fragst!

    ____

Kompetenz-Check

Das kann ich jetzt!

Kreuze an, was zutrifft! Falls du dich bei dem einen oder anderen Punkt noch nicht sicher fühlst, blättere nochmals zurück und wiederhole diesen Abschnitt!

	Ich kann ...	Falls ich noch unsicher bin, kann ich hier nachschlagen:
☐	... Adverbien (Umstandswörter) erkennen und erfragen.	S. 67
☐	... Adverbien nach den Umständen, die sie angeben (Ort, Zeit, Art und Weise, Grund), unterscheiden.	S. 68
☐	... Konjunktionen (Bindewörter) erkennen und verwenden.	S. 69
☐	... mit Hilfe der Ersatzprobe entscheiden, ob *das* oder *dass* geschrieben werden muss.	S. 70
☐	... zwischen Artikel (das), Demonstrativpronomen (das), Relativpronomen (das) und Konjunktion (dass) unterscheiden.	S. 70
☐	... Wörter nach ihrer Wortart bestimmen.	S. 71
☐	.... Aussagen zur Wortlehre als richtig oder falsch erkennen und falsche Aussagen richtigstellen sowie Aufgabenstellungen zur Wortlehre erfüllen.	S. 72, 73

Satzlehre

Die Arten der Satzglieder im Überblick

Von einigen dieser Satzglieder hast du schon etwas im Vorjahr gehört. Sie werden in den folgenden Kapiteln genau besprochen und geübt.

Satzglied	Wortart	Aufgabe im Satz/Fragewort
Subjekt (Satzgegenstand)	Nomen, Pronomen	Nennt Person/Gegenstand der Aussage. WER oder WAS? (Nominativ)
Prädikat * (Satzaussage)	Verb (Hilfsverb, Modalverb)	Sagt aus, was geschieht. Stimmt mit Subjekt überein. Ihm sind Ergänzungen zugeordnet. WAS wird ausgesagt?
Objekte (Ergänzungen)	Nomen, Pronomen	Nennen Personen und andere Lebewesen/ Sachen, die am Geschehen beteiligt sind. WESSEN? Genitiv WEM? Dativ WEN oder WAS? Akkusativ
Adverbiale Bestimmungen (Umstandsergänzungen)	Nomen, Adverb	Nennen die näheren Umstände des Geschehens Lokal: WO? Temporal: WANN? Kausal: WARUM? Modal: WIE?
Präpositionalobjekt (Vorwortergänzung)	Präposition	Nennt Personen und andere Lebewesen, die am Geschehen beteiligt sind bzw. Dinge, die vom Geschehen betroffen sind. (Fragewort + Präposition)
Attribut (Beifügung)	Adjektiv, Partizip Nomen/Pronomen Präposition + Nomen/Pronomen	Ist Teil eines Satzgliedes. WAS FÜR EINE?

* In einigen Grammatiken (Duden) wird das Prädikat nicht als Satzglied, sondern als Satzkern bezeichnet, um den sich die einzelnen Satzglieder reihen.

Satzglieder erkennen

Mit der **Verschiebeprobe** kannst du feststellen, welche Wörter zu einem Satzglied gehören.

Am Nachmittag	**besucht**	Thomas	seinen Freund.
Thomas	**besucht**	am Nachmittag	seinen Freund.
Seinen Freund	**besucht**	Thomas	am Nachmittag.
Thomas	**besucht**	seinen Freund	am Nachmittag.

Durch das Verschieben der Satzglieder erkennst du, welche Wörter zusammengehören (ein Satzglied bilden).
Ein Satzglied kann also aus einem oder mehreren Wörtern bestehen.

Das Prädikat steht im Aussagesatz immer an **2. Satzgliedstelle**.

Ü 115 **Verschiebe die Satzglieder in den folgenden Sätzen so oft, dass immer wieder ein Aussagesatz entsteht! Schreibe die Zahl der Satzglieder in Klammer daneben!**

1. Die ersten Schüler kommen eine halbe Stunde vor Unterrichtsbeginn zur Schule.
2. Die meisten Schüler fahren mit der Bahn zur Schule.
3. Einige kommen mit dem Fahrrad.
4. Beim Läuten laufen die Schüler in ihre Klassenräume.
5. Einige Oberstufenschüler sind (Personalform) mit dem eigenen Auto zur Schule gefahren (aussagendes Verb). — Verbklammer

Bei mehrteiligen Zeitformen steht die **Personalform** des Prädikats (Hilfsverb, Modalverb) im Aussagesatz immer an 2. Satzgliedstelle.
Das **aussagende Verb** steht am Satzende. Beide zusammen gelten als ein Satzglied.

Ü 116 **Stelle mit Hilfe der Verschiebeprobe fest, aus wie vielen Satzgliedern die Sätze bestehen, und schreibe die Anzahl der Satzglieder in Klammer!**

1. Die Unterrichtsmaterialien sollten dann auf dem Tisch liegen. (   )
2. Gleich wird der Lehrer das Klassenzimmer betreten. (   )
3. Zuspätkommende werden ins Klassenbuch eingetragen. (   )

Subjekt und Prädikat (Satzgegenstand und -aussage)

Das **Subjekt** (Satzgegenstand) wird von einem **Nomen** (Namenwort) oder **Pronomen** (Fürwort) gebildet. Das Subjekt sagt dir, **wer etwas tut**.
Es ist die Person (auch Tier, Gegenstand, Ding, Gedachtes), **von der etwas ausgesagt wird** (Handlungsträger).
Du fragst nach dem Subjekt mit: **WER oder WAS?**
Das Subjekt steht immer im Nominativ (**1. Fall**).

Das **Prädikat** (Satzaussage) wird von einem **Verb** (Zeitwort) gebildet.
Das Prädikat sagt dir, **was ausgesagt wird**, was getan wird, was passiert, was vor sich geht.
Am besten fragst du nach dem Prädikat mit: **Was wird ausgesagt?**

Am Nachmittag besucht (P) Thomas (S) seinen Freund.

besucht → Was wird ausgesagt?

Thomas → Wer oder was?

Am Nachmittag wird Thomas (S) seinen Freund besuchen.

wird … besuchen: Verbklammer

Personalform (P) aussagendes Verb

Ü 117 **Markiere Subjekt und Prädikat (Verbklammer) in den Sätzen der Übung 116!**

Das zweiteilige Prädikat

Prädikate können zweiteilig sein, wenn:

- das **Verb einen Zusatz hat** (an-kommen, nach-laufen, her-stellen),
- eine **mehrteilige Zeitform** (Perfekt, Plusquamperfekt, Futur) vorliegt (= Hilfsverb + aussagendes Verb) oder
- ein **Modalverb + Verb** verwendet wird (können kommen, sollen bleiben).

A **Verb + Zusatz:** Der Schulbus **kommt an**.
B **Hilfsverb + Verb:** Die Schüler **werden aussteigen**.
C **Modalverb + Verb:** Die Schüler **müssen** im Schulhof **warten**.

Ü 118 **Unterstreiche die zweiteiligen Prädikate und gib an, wie sie gebildet sind (A/B/C)!**

1. Der Schulwart wird gleich das Schultor aufsperren. **B**
2. Die Schüler dürfen schon in die Pausenhalle gehen.
3. Dort müssen sie bis halb acht Uhr warten.
4. Viele Lehrerinnen kommen mit dem Auto an.
5. Beim ersten Läuten dürfen die Schüler ihre Klassenräume betreten.
6. Einige Schülerinnen stellen sich beim Kopierer an.
7. Schüler der 1. Klasse holen gerne ihre Lehrer vom Lehrerzimmer ab.
8. In einigen Klassen wird noch die Tafel gelöscht.
9. In manchen Klassen schreiben die Klassenordner Stundenplanänderungen auf.
10. Bücher werden aus den Fächern geholt.
11. Eine Schülerin sammelt die Hausübungshefte ein.
12. In drei Minuten wird es läuten.

Ergänzungen

Neben dem Subjekt und dem Prädikat beinhaltet ein Satz meist auch **Ergänzungen**.

Wir unterscheiden:
- (Reine) Fallergänzungen (Objekte)
- Umstandsergänzungen (Adverbiale Bestimmungen/Objekte)
- Vorwortergänzungen (Präpositionalobjekte)

Reine Fallergänzungen (Objekte)

Das Dativ- und das Akkusativobjekt (Ergänzung im 3. und 4. Fall)

Es gibt **Verben**, die außer dem Subjekt (im Nominativ) ein **Akkusativobjekt** (Ergänzung im 4. Fall) oder ein **Dativobjekt** (Ergänzung im 3. Fall) oder auch beides **verlangen**.

Wen oder was? O4 = Objekt im 4. Fall
Ich finde das erste Schneeglöckchen.

Wem? O3 = Objekt im 3. Fall
Er begegnete dem neuen Nachbarn.

Wen oder was? O4 Wem? O3
Sie schenkte dieses Schneeglöckchen ihrer Mutter.

Ü 119

Vervollständige die Sätze, indem du nach dem Objekt fragst!
Die zu ergänzenden Wörter stehen im Nominativ. Setze sie in den richtigen Fall!

Wer macht was? O3 O4

1. Die Krankenschwester verabreicht dem Patienten die Medizin.(die Medizin, der Patient)
2. Der Waldarbeiter sägt ____________________ um. (der Baum)
3. Die Müllabfuhr holt ____________________ ab. (die Mülltonnen)
4. Der Hauswart kehrt ____________________ . (der Hof)
5. Die Kassierin wechselt ____________________ ____________________ in Münzen um. (der Kunde, der Geldschein)
6. Der Briefträger bringt __________ ____________________ . (ich, der Brief)
7. Die Kellnerin serviert ____________________ ____________________ . (der Gast, der gebratene Fisch)
8. Der Fleischhauer schneidet ____________________ auf. (der Schinken)
9. Der Maurer baut ____________________ . (ein Turm)
10. Die Ärztin gibt ____________________ ____________________ . (der Patient, eine Spritze)
11. Der Gärtner mäht ____________________ und gießt ____________________ . (der Rasen, die Pflanzen)
12. Die Lehrerin erklärt ____________________ ____________________ . (der Schüler, der Rechenvorgang)

Ü 120

Ergänze die Objekte! Die zu ergänzenden Wörter stehen im Nominativ. Sezte sie in den richtigen Fall!

1. (Der Bäcker) Dem Bäcker verbrennen die Semmeln im Backofen.
2. (Der Ober) ______________________ rutscht die Serviertasse vom Arm.
3. (Die Köchin) ______________________ misslingt die Soße.
4. (Der Müllmann) ______________________ fällt die Biotonne um.
5. (Die Gärtnerin) ______________________ verdorren die Rosen.
6. (Der Kaufmann) ______________________ verdirbt die Ware.
7. (Der Konditor) ______________________ schmilzt das Eis.
8. (Die Bäuerin) ______________________ entkommen einige Hühner.
9. (Der Schauspieler) ______________________ fällt der Text nicht ein.
10. (Der Schaffner) ______________________ fährt der Zug davon.

Dativobjekte (O3) bezeichnen **meist** Lebewesen (Personenergänzungen),
Akkusativobjekte (O4) bezeichnen **oft** Gegenstände (Sachergänzungen).

O3 O4

Die Buffetfrau verkauft den Schülern Wurstsemmeln.

Ü 121

Unterstreiche die Personenergänzungen und die Sachergänzungen und überprüfe, ob die oben angeführte Merkregel zutrifft!

1. Der Mechaniker repariert das Auto.
2. Der Uhrmacher verkauft der Kundin eine teure Armbanduhr.
3. Der Friseur färbt dem Mädchen die Haare.
4. Der Kellner serviert uns kalte Getränke.
5. Der Pfleger hilft dem Kranken beim Aufsetzen.
6. Die Krankenschwester misst dem Patienten Fieber.
7. Die Gemüseverkäuferin wiegt den Karfiol ab.
8. Der Installateur montiert einen neuen Wasserhahn.
9. Die Lehrerin korrigiert die Schularbeiten.
10. Der Pfarrer besucht die Kranken im Spital.

Das Genitivobjekt (Ergänzung im 2. Fall)

Verben, die ein **Genitivobjekt** verlangen, werden sehr selten verwendet. Meist wird ein Präpositionalobjekt (eine Vorwortergänzung) verwendet.

O2

Die Krankenschwester nimmt sich des Verletzten an.

Präpositionalobjekt

Die Krankenschwester nimmt sich um den Verletzten an.

Die wichtigsten Verben, nach denen ein Genitivobjekt steht, sind:

sich annehmen, sich bedienen, sich entledigen, sich erinnern, jemanden beschuldigen, gedenken, sich besinnen, sich bemächtigen, sich enthalten, sich rühmen, sich erwehren, überführen

Du merkst, dass wir diese Verben in unserem alltäglichen Sprachgebrauch selten verwenden. Deshalb kommt das Genitivobjekt in der Umgangssprache auch so selten vor.

Beachte aber:
richtig: Die Krankenschwester nimmt sich **des Verletzten** an.
Die Krankenschwester nimmt sich **um den Verletzten** an.
falsch: Die Krankenschwester nimmt sich dem Verletzten an.

Ü 122

Vervollständige die Sätze!
Die zu ergänzenden Wörter stehen im Nominativ in Klammer.
Setze sie in den Genitiv!

1. Am Allerseelentag gedenken wir der Toten (die Toten).
2. Bei der Abstimmung enthielt sich der Großteil ________________ (die Stimme).
3. Er beschuldigte die Männer ________________ (der Diebstahl).
4. Die Erdbebenopfer bedürfen ________________________ (die finanzielle Unterstützung).
5. Zur besseren Sicht bedienen wir uns ________________ (das Fernglas).
6. Der Wettkämpfer rühmt sich ______________________ (sein großartiger Sieg).
7. Die Kinder entledigten sich ________________ (die Kleidung) und sprangen ins Wasser.
8. Sie besinnt sich ________________ (ein Besseres).
9. Er erbarmt sich ________________ (der Kranke).
10. Sie nimmt sich ________________ (das Kätzchen) an.

Gleichsetzungsglied im Nominativ

Ein Gleichsetzungsglied im Nominativ (O1) liegt vor, **wenn ein Satzglied dem Subjekt gleichgesetzt** wird. Du fragst mit **WER oder WAS?**
Es steht **wie das Subjekt** im 1. Fall.

(S) (Wer oder was? O1)
Katrin ist eine gute Schülerin.

Die Position ist auch vertauschbar.
(Wer oder was? O1) (S)
Eine gute Schülerin ist Katrin.

Ü 123

Unterstreiche in den folgenden Sätzen das Gleichsetzungsglied im Nominativ (O1)!

1. Dieses Insekt ist eine Hornisse.
2. Kurt ist ein schneller Läufer.
3. Eine ausgezeichnete Schwimmerin ist Angelika.
4. Dieses Getränk ist ein Apfelmost.
5. Dieser kleine „Wurm" ist angeblich eine giftige Schlange.
6. Frau Brunner ist eine gerechte Lehrerin.
7. Monika ist meine beste Freundin.
8. Trixi ist unser Dackel und Hera (ist) unser Jagdhund.
9. Dieses Gericht ist eine „Kalorienbombe".
10. Dieses Orange ist (die) neue Modefarbe.

Adverbiale Bestimmungen (Umstandsergänzungen)

Adverbiale Bestimmungen (Umstandsergänzungen) geben **Ort, Zeit, Grund** und **Art und Weise eines Geschehens** genauer an.

- **Ortsergänzung** (OE) – lokal: Wo? Woher? Wohin? Wie weit?
  Klaus geht **in die Schulbibliothek**. Wohin?
- **Zeitergänzung** (ZE) – temporal: Wann? Wie lange? Wie oft?
  Klaus kann ein Buch **drei Wochen** ausborgen. Wie lange?
- **Begründungsergänzung** (BE) – kausal: Warum? Weshalb? Wieso?
  Er braucht ein Buch **wegen seines Deutschreferats**. Warum?
- **Artergänzung** (AE) – modal: Wie? In welcher Art?
  Klaus wird das Buch **schnell** lesen. Wie?

Ü 124

Ordne die Umstandsergänzungen richtig zu!

spät am Abend, im Flussbett, aus diesem Grund, wie ein Bär, am Morgen, wegen des starken Regens, nach Tirol, sorgfältig, unverrichteter Dinge, nach Ostern, eines Morgens, in den Schulhof, eilig, vor Erschöpfung, ohne Pause, ins Grüne, zwei Tage

Zeitergänzung Wann? Wie lange?	**Artergänzung** Wie?	**Ortsergänzung** Wo? Wohin?	**Begründungsergänz.** Warum?

Ü 125 **Unterstreiche die Umstandsergänzungen und gib an, um welche es sich handelt!**

1. Karin wartet <u>seit einer Stunde</u> auf die Bahn. **Wie lange? ZE**
2. Aus Langeweile haben sie diese Bank beschädigt.
3. Wir sind noch zwei Kilometer von unserem Ziel entfernt.
4. Er fährt jeden Tag mit dem Rad nach Hause.
5. Dieses Beispiel können die Schüler problemlos lösen.
6. Im Sommer fahren wir nach Italien.
7. Das Baby schreit vor Hunger.
8. Die neue Haushälterin bügelt sorgfältig.
9. Das Theaterstück dauert eineinhalb Stunden.
10. Wir müssen deswegen das Gedicht lernen.

Ü 126 **Der folgende Text enthält 21 Umstandsergänzungen.**
Unterstreiche sie, schreibe das Fragewort darüber und benenne sie!

Achtung! Im Text sind auch Vorwortergänzungen „versteckt".

Als mein Großvater ins Gymnasium kam

Mein Großvater stammt aus einem kleinen Dorf im Weinviertel. Er lernte in der Volksschule sehr gut, und die Lehrerin riet seinen Eltern, ihn ins Gymnasium zu schicken. Knapp vor Schulschluss machte sich mein Großvater mit seinem Vater in die nächste Stadt auf. Er sollte im Gymnasium die Aufnahmsprüfung machen.
Ängstlich saß er unter all den Stadtkindern. Ein älterer Professor diktierte den Kindern eine Geschichte.
Für meinen Großvater war die überaus deutliche Aussprache des Lehrers sehr ungewohnt. Einige Wörter konnte er wegen seiner Unwissenheit um deren Bedeutung nicht aufschreiben. Deswegen wusste er mit dem Wort „Pfirsich" nichts anzufangen. Erst im Laufe der Ansage wurde ihm bewusst, dass damit nur diese Frucht gemeint sein konnte, zu der sie zu Hause „Pferscher" sagten.
Eilig besserte er beim Durchlesen die Fehler aus und kam sich richtig dumm vor.
Mein Großvater bestand damals die Aufnahmsprüfung. Das Gymnasium schloss er erfolgreich ab und studierte danach noch vier Jahre lang Tiermedizin. Er wurde ein erfolgreicher und tüchtiger Tierarzt.

Ü 127

Erweitere die Sätze mit Umstandsergänzungen!
Schreibe das Fragewort und die Art der Umstandsergänzung dazu!

1. **Unterrichtsbeginn: 7.45 Uhr, Unterrichtsende: 13.20 Uhr:**
   Der Unterricht beginnt ______________ und endet ______________ .
2. **15 – 16.30 Uhr, Sportplatz:**
   Das Nachmittagsturnen findet ________________________________ statt.
3. **Mittwoch, Werksaal:**
   Technisches Werken findet ________________________________ statt.
4. **die letzte Schulwoche, Palmenhaus, Wien:**
   Wir fahren in ______________________ ins ________________ nach ______________ .
5. **Feueralarm, Schulhof:**
   Wegen ________________ versammeln wir uns _____________________ .
6. **früher, ruhig:**
   Wenn jemand mit dem Schreiben ______________ fertig ist, muss er sich ______________ verhalten.
7. **schnell, Buffet:**
   Ich lief ______________ zum ______________ und kaufte mir ein Hotdog.
8. **Garderobe, gestern:**
   In der _____________ habe ich ____________ meinen Schülerausweis liegen gelassen.

Präpositionalobjekte (Vorwortergänzungen)

In **Präpositionalobjekten** (Vorwortergänzungen) sind die Präpositionen meist fest und nicht austauschbar.
Zum Fragewort nach dieser Ergänzung tritt die Präposition hinzu.

Markus tratscht mit seinem Banknachbarn. **Mit wem? Präpositionalobjekt (PO)**

Präpositionalobjekte (Vorwortergänzungen) können sehr leicht mit **adverbialen Bestimmungen** (Umstandsergänzungen) verwechselt werden.

Achte auf das Fragewort! Im Fragewort findet sich die Präposition wieder.

Ich sitze auf dem Baum. Wo? OE = adverbiale Bestimmung
Ich warte auf den Zug. **Auf** wen oder was? Wor**auf**? = Präpositionalobjekt

Die Mannschaft trifft auf den Titelverteidiger. Präpositionalobjekt (PO)
Ich treffe sie auf dem Bahnhof. Adverbiale Bestimmung

Ü 128

Unterstreiche das PO und schreibe das Fragewort dazu!

1. Petra bespricht ihre Hausübung mit ihrer Nachhilfelehrerin. Mit wem?
2. Martin berichtet über den Unfall. Über was? / Worüber?
3. Dagmar bedankt sich beim Finder ihres Schülerausweises.
4. Christopher lacht über die witzige Antwort des Lehrers.
5. Sabine achtet genau auf die vorgegebene Zeit.
6. Karsten wartet auf seinen Schulfreund Dominik.
7. Manuela fürchtet sich vor dem morgigen Test.
8. Thomas sucht nach einer Lösung.
9. Katharina freut sich über ihren Einser in Deutsch.
10. Julian bereitet sich auf die nächste Schularbeit vor.

Ü 129

Unterscheide Präpositionalobjekt und adverbiale Bestimmung! Schreibe die Fragewörter und die Bezeichnung dazu!

1. Andreas wartet auf den Schulbus.
2. Daniel sitzt im Schulbus.
3. Wir reden gerade über dich.
4. Dein großer Einsatz wurde von allen gelobt.
5. Die Lehrer lachten über die lustige Schüleraufführung.
6. Paula fährt mit der Schule nach Graz.
7. Nach Mitternacht gehe ich nicht mehr auf die Straße.
8. Vor lauter Aufregung fiel mir der Text nicht mehr ein.
9. Die Eltern kommen zum Elternabend in die Schule.
10. Der Direktor bittet um Ruhe.
11. Der Lehrer bittet um ein neues Kreidenstück.
12. Nach den Chemieunterricht roch es im Saal nach etwas Verfaultem.

Ü 130

Eine schwierige Aufgabe! Markiere drei PO in der Geschichte aus Übung 126!

Ü 131

Detektivarbeit für dich! Füge die im Wortkasten aufgeschriebenen PO in die Satzlücken ein, sodass sinnvolle Sätze entstehen!

auf die großen Ferien, an die Urlaubszeit, mit dem Lernen, über ihr schlechtes Zeugnis, für eine Nachprüfung, über die Konsequenzen seiner Nachlässigkeit, für einen positiven Abschluss des Schuljahres,

Am Schulschluss freuen sich die Schüler schon ______________________________ .
Viele denken aber schon früher ____________________________ und hören ______
____________________ zu früh auf. Sie ärgern sich dann ____________________
____________________ und müssen in den Ferien __________________________
lernen. Man sollte aber ____ schon
früher nachdenken, bevor es ____________________________________ zu spät ist.

Ü 132

Kreuze an, welche Ergänzungen die Sätze enthalten!
Grenze vorher die Satzglieder ab! Dann ist es leichter, die Ergänzungen zu finden!

	O3	O4	OE	ZE	AE	BE	PO
1. Wir müssen den Wandertag wegen des schlechten Wetters verschieben.							
2. Er ärgert sich über das schlechte Ergebnis.							
3. Aus diesem Grund trafen sich gestern beide Parteien in Wien.							
4. Günter schenkte seinem Bruder ein Mountainbike zum Geburtstag.							
5. Zu Ostern suchen wir im Garten nach Ostereiern.							
6. Dem Gast wurde das schönste Zimmer zugesagt.							
7. Bald werden wir hier fröhlich spazieren gehen können.							
8. Langsam schließt sich über uns die Kuppel der Sternwarte.							
9. Auf den Wiesen blühen seit dieser Woche die ersten Frühlingsblumen.							
10. Sie freuen sich sehr über den neuen Fußball.							
11. Er begegnete den Wanderern zuletzt bei dieser Weggabelung.							

Ü 133

Ergänze die Leerstellen mit den passenden Satzgliedern aus dem Wortkasten!
Die Fragen helfen dir, die richtigen Satzglieder zu finden. Ergänze auch die fehlenden Fragen!

am Markt – den Austauschschüler – über die Fußballdress – in ihre Biomappe – vorige Woche – gewissenhaft – die Zutaten – Peter – von 12 bis 15 Uhr – ordnete – wegen des Feiertages

1.	________	kaufte	ich	________	für den Auflauf.
	Wo?	Was wird ausgesagt?	________	Wen oder was?	Für wen? Wofür?
2.	________	verabschiedeten	wir	________.	
	Wann?	________	________	Wen oder was?	
3.	________	________	Marion	die Arbeitsblätter	________.
	Wie?	________	________	________	Wohin?

4. ____ ist ____ der Schalter ____ geschlossen.
Warum? ____ Wann? ____

5. ____ freut sich ____ ganz besonders.
Über was? Worüber ____ Wer oder was? ____

Ü 134

Schreibe die Satzglieder auf, die du mit folgenden Fragewörtern erfragen kannst!

1. Wer oder Was? S Subjekt (im 1. Fall, Nominativ)
2. Wie?
3. Was wird ausgesagt?
4. Warum?
5. Wo?
6. Wem?
7. Wessen?
8. Wann?
9. Woher?
10. Wen oder was?
11. Wie lange?
12. Weshalb?
13. Wohin?
14. In welcher Art?
15. Wie weit?
16. Wie oft?
17. Wieso?

Ü 135

Schreibe zum Fragewort das passende Satzglied aus dem Wortkasten!

sehr langsam – trinken – im 2. Stock – dem Wanderer – aus Übermut –
den Brief – der Autofahrer – am Vormittag – über die Ruhe

Wann? ____
Wo? ____
Wie? ____
Warum? ____
Wer oder was? ____

Wem? ____
Wen oder was? ____
Was wird ausgesagt? ____
Worüber? ____

Attribute (Beifügungen)

Ein **Attribut** (Beifügung) gibt **genauere Information** über das Wort, auf das es sich bezieht. Es ist ein Teil eines Satzgliedes (**Satzgliedteil**). Du fragst danach mit **WAS FÜR EIN(E)?**.

Kathrin ist eine **fleißige** Schülerin. ⟶ **Was für eine** Schülerin ist Katrin?
Sabina trägt ein Kleid **aus grobem Leinen**. ⟶ **Was für ein** Kleid trägt Sabina?

Bei der Verschiebeprobe wird das **Attribut immer gemeinsam mit dem ganzen Satzglied verschoben**. Es ist nur mit dem **Gliedkern** verschiebbar.

Ein **ausführliches Satzglied** besteht aus einem **Gliedkern und** einem **Attribut**.

Kathrin ist **eine fleißige** **Schülerin**.

Satzglied
Attribut Gliedkern

Eine fleißige **Schülerin** ist Kathrin. Was für eine Schülerin ist Kathrin?

Satzglied
Attribut Gliedkern

Sabina trägt **ein Kleid** **aus grobem Leinen**.

Satzglied
Gliedkern Attribut

Ein Kleid **aus grobem Leinen** trägt Sabina. Was für ein Kleid trägt Sabina?

Satzglied
Gliedkern Attribut

Ü 136 **Unterstreiche die Attribute, die du mit „Was für ein(e)?" erfragst!**

1. Wir kaufen köstliche Eiscreme.
2. Am Abend schauten wir uns einen spannenden Film an.
3. Florian schleppte den schweren Koffer herauf.
4. Der Chef trägt einen Anzug aus indischer Seide.
5. Die Stimme des Direktors war nicht zu überhören.
6. In der Vase sind Blumen aus Plastik.
7. An der Ferse hat dieser schwarze Socken ein riesiges Loch.
8. Im Radio höre ich Musik zum Träumen.
9. Ein Mann mit Mantel und Hut steht vor der Tür.
10. In eine Kanne aus Plastik darfst du kein heißes Öl einfüllen.

Ü 137 **Unterwelle in den Sätzen von Übung 136 nun den Gliedkern, zu dem das Attribut gehört!**

Das Attribut im Genitiv und im Präpositionalfall (Die Beifügung im 2. Fall und im Vorwortfall)

Die Tasche **des Lehrers** liegt auf dem Tisch.

Die Tasche → Gliedkern

des Lehrers → Attribut im Genitiv (Beifügung im 2. Fall)
Wessen? Was für eine?

Die Hütte **vor dem Haus** gehört dem Hund.

Die Hütte → Gliedkern

vor dem Haus → Attribut im Präpositionalfall (Beifügung im Vorwortfall)
Was für eine?

Ü 138 **Bilde aus den folgenden Wortpaaren Fügungen mit dem 2. Fall (Attribut im Genitiv)!**

	Attribut im Genitiv
Auto, Mutter	das Auto der Mutter
Schlüssel, Hausmeister	der
Gehstock, Großvater	
Tormann, Gegner	
Haare, Hund	
Korb, Katze	
Fahrrad, mein Freund	
Einkommen, Vater	

Das Attribut im Genitiv kann in manchen Fällen auch „verkürzt“ ausgedrückt werden:

das Auto der Mutter = Mutter**s** Auto
der Schlüssel des Hausmeisters = (des) Hausmeister**s** Schlüssel
der Radiergummi von Franz = Fran**z’** Radiergummi

Ü 139

Setze diese Übung nach den angeführten Beispielen fort!

die Schultasche von Anna	Annas Schultasche
die Einkaufstasche von Frau Kraus	Frau Krauses (Kraus’) Einkaufstasche
der Gehstock des Großvaters	
das Einkommen des Vaters	
der Aktenkoffer von Professor Schluss	
das Tuch der Großmutter	
das Fläschchen des Babys	
die Mütze von Felix	
das Nest des Storches	
das Heft von Nils	
die Mappe von Franz und Julius	

Das **Attribut im Präpositionalfall** wirkt oft **umgangsprachlich**, daher verwende, wenn möglich, das als **standardsprachlich** verstandene **Attribut im Genitiv**!

Die Tasche **von dem Lehrer** liegt auf dem Tisch. Die Tasche **des Lehrers** …

Die Tasche → Gliedkern

von dem Lehrer → Attribut im Präpositionalfall (umgangssprachlich) **Von wem? Wessen? Was für eine?**

des Lehrers → Attribut im Genitiv (standardsprachlich)

Ü 140

Forme die folgenden umgangsprachlichen Sätze in Standardsprache um!

1. Die Lehrerin hat die Schularbeiten von der 2 A noch nicht verbessert.

2. Die Stickerei von dieser Tischdecke ist sehr kunstvoll.

3. Das Geschrei von den Kindern stört ihn.

Ü 141 **Unterstreiche die Attribute! Im Zweifelsfall führe die Verschiebeprobe durch! Lies anschließend die Geschichte ohne die von dir unterstrichenen Wörter! Erkläre, was mit dem Text passiert, wenn du die Attribute weglässt!**

Der Storch, ein Glücksbringer

Der Storch ist ein großer Wandervogel.
Beim Einbruch der kalten und regnerischen Jahreszeit macht er sich von uns in den Süden auf. Er fliegt bis nach Afrika.
Störche benutzen immer wieder die gleichen Nester, doch die Menschen sind maßgeblich an der Wahl für den Ort des Nestbaus beteiligt.
Körbe aus Weidenästen werden auf hohe Türme oder Hausgiebel gesetzt und Störche nehmen diese gerne als ihre Nester an.
Dieser Brauch des Korbnestes hat seine Wurzeln in alten Legenden, in denen der Storch als Glücksbringer für Kindersegen gesehen wurde.

Alle Satzglieder mit Ausnahme des Prädikates **können eine Beifügung haben**:

Formen des Attributs	Beispiele
Adjektiv	die **fleißige** Schülerin
Partizip	der **spannende** Film, eine **angespannte** Situation
Pronomen	**ihre** Nester
Zahlwort	die **drei** Katzen
Nomen im Genitiv	der Hut **des Vaters** (Vaters Hut)
Nomen im Präpositionalfall	Angst **vor der Prüfung**
Adverb	die Hütte **dort**

Ü 142 **Unterstreiche das Attribut und ordne die Wortgruppe richtig in die Tabelle ein!**

die sportlichen Buben, der Spalt hier, eure Schuhe, die zwei Kinder,
das Fell des Tigers, eine gelungene Überraschung, der springende Punkt,
Freude über die Nachricht

Formen des Attributs	Beispiele
Adjektiv	die sportlichen Buben
Partizip	
Pronomen	
Zahlwort	
Nomen im Genitiv	
Nomen im Präpositionalfall	
Adverb	

Kompetenz-Check

Das kann ich jetzt!

Kreuze an, was zutrifft! Falls du dich bei dem einen oder anderen Punkt noch nicht sicher fühlst, blättere nochmals zurück und wiederhole diesen Abschnitt!

	Ich kann ...	Falls ich noch unsicher bin, kann ich hier nachschlagen:
☐	... Satzglieder erkennen und erfragen.	S. 75
☐	... Satzglieder mithilfe der Verschiebeprobe erkennen.	S. 76
☐	... das Subjekt und das Prädikat erfragen und bestimmen.	S. 77
☐	... das zweiteilige Prädikat erkennen und bilden.	S. 78
☐	... die Fallergänzungen (O3, O4, O2) erfragen und bestimmen.	S. 79, 80
☐	... das Gleichsetzungsglied im Nominativ (O1) erkennen.	S. 81
☐	... Adverbiale Bestimmungen (Umstandsergänzungen) erfragen, benennen und unterscheiden.	S. 82, 83
☐	... Präpositionalobjekte (Vorwortergänzungen) erfragen und bestimmen.	S. 84
☐	... Fallergänzungen, Umstandsergänzungen und Vorwortergänzungen unterscheiden.	S. 85, 86
☐	... alle Arten von Ergänzungen erfragen.	S. 87
☐	... Attribute als Satzgliedteile erkennen.	S. 88
☐	... Attribute im Genitiv- und im Präpositionalfall erkennen.	S. 89
☐	... Attribute im Genitiv bilden.	S. 90
☐	... die verschiedenen Formen des Attributs erkennen.	S. 91

Die Satzarten

1. **Der Aussagesatz:** Ich **lese** (Personalform an 2. Stelle) gerne Comics.
2. **Der Fragesatz: Entscheidungsfrage:** Antwort: JA/NEIN
   Liest (Personalform an 1. Stelle) du gerne Comics**?**
   Ergänzungsfrage: Antwort: vielfältig
   Warum (Fragewort) **liest** (Personalform an 2. Stelle) du gerne Comics**?**
3. **Der Aufforderungssatz:** Lies Comics**!**

Ü 143

Gib an, um welche Satzart es sich handelt! Bestimme beim Fragesatz genau, ob eine Entscheidungs- oder eine Ergänzungsfrage vorliegt!

1. Wie funktioniert eigentlich dieser Wecker?
2. Hast du morgen Zeit für mich?
3. Komm doch einmal her!
4. Tante Renate kommt am Wochenende zu Besuch.
5. Funktioniert der Wecker überhaupt noch?
6. Ich habe neue Batterien gekauft.
7. Warum verwendest du dieses Heft nicht?
8. Er will unbedingt der Erste sein.
9. Gib an, welcher Satz das ist!
10. Nein, komm du doch her!

Hauptsatz und Gliedsatz

Im **Hauptsatz** (HS) steht das **Prädikat** (Personalform) an **2. Stelle**.
Der HS kann **alleine stehen**. Er besteht mindestens aus Subjekt und Prädikat.

HS: S+P
Es regnete.

HS: S+P+OE
Wir liefen in die Hütte.

HS + HS nennt man **Hauptsatzreihe**. Die Hauptsätze können auch mit einem Bindewort verbunden werden.
Häufige Bindewörter zwischen HS +HS sind: **und, oder, aber, dann, denn**

Es regnete (,) **und** wir liefen in die Hütte.

Hauptsatzreihe

HS HS

Der **Gliedsatz** (GS) kann **nicht allein stehen**. Er wird **mit einer Konjunktion** (Bindewort) **an den HS gebunden**.
Die **Personalform** steht im **GS an letzter Stelle**.

HS + GS nennt man **Satzgefüge**. Die Sätze werden mit einem Bindewort verbunden.
Häufige Bindewörter zwischen HS + GS sind: **weil, dass, damit, obwohl, als, bevor, wenn, während, nachdem**

Personalform

Wir liefen in die Hütte, **weil** es regnete.

Satzgefüge

HS GS

Ü 144

Kennzeichne die Konjunktionen (Bindewörter) und schreibe dazu, ob es sich um einen HS oder um einen GS handelt! Unterstreiche die Personalformen!

1. Meine Verwandten leben in Kanada (,) und ich werde sie in den großen Ferien besuchen.
2. Ich freue mich sehr, wenn du auch mitkommst.
3. Während wir schliefen, versteckte der Hund unsere Schuhe.
4. Bevor ich gehe, wasche ich noch das Geschirr ab.
5. Nachdem er gegessen hatte, legte er sich auf die gemütliche Ofenbank.
6. Die Vögel zwitschern (,) und die Kröten quaken.
7. Ich fahre morgen nach Hause (,) oder ich bleibe noch bis Freitag.
8. Da er kein Geld bei sich hatte, konnte er uns kein Eis kaufen.
9. Der Lehrer prüft heute das Gedicht, weil dazu gestern keine Zeit gewesen ist.
10. Wir fahren in der Nacht weg, denn wir wollen nicht in den Stau kommen.
11. Ich weiß, dass kein Nachmittagsturnen stattfindet.
12. Er isst gerne Fisch, aber er mag auch Fleisch.

Zwischen HS + HS, wenn sie mit **und** verbunden sind, kann dieses Bindewort auch weggelassen werden.
Es muss dann ein Punkt oder Beistrich gesetzt werden.

Ich verbringe die Ferien am Meer(,) **und** anschließend fahre ich in die Berge.
Ich verbringe die Ferien am Meer**,** anschließend fahre ich in die Berge.
Ich verbringe die Ferien am Meer**.** Anschließend fahre ich in die Berge.

Beistrichregeln kurz gefasst

Regel	Beispiele
1. Zwischen aufzählenden Wörtern und Wortgruppen sowie Hauptsätzen **wird ein Beistrich oder** die Konjunktion **und** gesetzt.	Ich esse gerne Erdbeer-, Joghurt- **und** Vanilleeis. Ich koche gern (,) **und** ich esse auch gern. Ich koche gern**,** ich esse gern.
2. Sind zwei **vollständige** Hauptsätze (jeder HS hat ein Subjekt) mit **und** bzw. **oder** verbunden, so kannst du **einen Beistrich** setzen, musst aber nicht. * (Haben diese beiden verbundenen Hauptsätze aber **ein gemeinsames Subjekt**, so darfst du **keinen Beistrich** setzen!)	**Ich** werde mit der Bahn fahren (,) **oder ich** werde mit dem Auto kommen. * **Ich** werde mit der Bahn fahren **oder** mit dem Auto kommen. **Ich** werde heute mit der Bahn fahren (,) **und** morgen werde **ich** mit dem Rad kommen. * **Ich** werde heute mit der Bahn fahren **und** morgen mit dem Rad kommen.
3. Zwischen einem Hauptsatz und einem Gliedsatz steht **vor dem Bindewort ein Beistrich**.	Ich komme nicht mit dem Auto**, weil** es kaputt ist.

Zusätzliche Übungen und Erklärungen zur Beistrichsetzung findest du auch in „Kompetent AUFSTEIGEN Deutsch 2, Rechtschreiben"!

Ü 145 **Setze die Beistriche!**

Mutzi und Lumpi

Mutzi ist unsere Katze Lumpi ist unser Hund. Lumpi und Mutzi kommen gut miteinander aus weil sie sich von klein auf kennen.
Es gibt Tage da spielen Lumpi und Mutzi vergnügt miteinander und raufen im Spaß. Lumpi ist ein fauler Dackel und Mutzi eine bequeme Tigerkatze. Obwohl jeder einer anderen Tiergattung angehört haben sie eine gemeinsame Lieblingsbeschäftigung. Die beiden verbringen nämlich ihren Tag im Allgemeinen sehr ruhig und liegen faul in der Wohnung herum.
Wenn es aber etwas zu fressen gibt dann laufen sie blitzschnell zu ihren Futterschüsseln.
Mutzi kennt beim Fressen keinen Spaß weil Fressen ihre zweite Lieblingsbeschäftigung ist. Sollte Lumpi ihrem Futter zu nahe kommen dann faucht sie ihn wild an. Ist aber Mutzi neugierig und will Lumpis Schüssel untersuchen dann fletscht auch er die Zähne und knurrt sie an.
Obwohl die beiden viel gemeinsam haben wollen sie doch nicht alles miteinander teilen.

Was Konjunktionen ausdrücken können

Konjunktionen (Bindewörter) **verbinden Sätze und Wortgruppen** miteinander. Sie drücken dabei aus, **welche Beziehung** zwischen Sätzen bzw. Wortgruppen **besteht.**

Reihung von zwei Sätzen: Ich lese gerne(,) **und** ich spiele auch Computer.
Entgegenstellung: Ich lese gerne, **aber** ich spiele auch Computer.
Begründung: Ich lese gerne, **denn** ich mag spannende Geschichten.
Gegengrund: Ich lese gerne, **obwohl** in meiner Familie sonst keiner liest.
Ausschließung: Entweder ich lese (,) **oder** ich fahre mit dem Rad.
Ich lese (,) **oder** ich fahre mit dem Rad.

Konjunktionen können folgende Beziehungen ausdrücken:
Begründung: denn, aber, weil, da, sodass
Entgegenstellung: aber, sondern, doch
Reihung: und
Gegengrund: obwohl, obgleich
Ausschließung: oder, entweder – oder

Ü 146

Gib an, welche Beziehung zwischen den Wortgruppen und Sätzen durch die Konjunktionen besteht!

1. Jeden Tag gehen sie eine Stunde im Park oder in der Au spazieren.
2. Ich gehe zu Fuß, obwohl mir meine Ferse wehtut.
3. Gabi kauft sich ein neues Kleid, weil sie auf eine Hochzeit eingeladen ist.
4. Pia sitzt gemütlich im Wohnzimmer und spielt Karten, obwohl Karl schon auf sie wartet.
5. Obwohl ich wenig Zeit habe, werde ich dich morgen besuchen.
6. Da es seit Wochen nicht geregnet hat, verdorren die Pflanzen am Feld.
7. Er wird pünktlich kommen, denn die Bahn hat keine Verspätung.
8. Gestern kochten wir zusammen und wuschen auch gemeinsam das Geschirr ab.
9. Ich brauche keine neuen Sommerschuhe, sondern eine neue Jacke für den Sommer.
10. Ich schaue mir gerne Horrorfilme an, obwohl ich sehr ängstlich bin.

Ü 147

Setze eine passende Konjunktion ein, sodass die angegebene Beziehung zwischen den Sätzen vorliegt!

1. Ich möchte keinen Kuchen, **weil** ich auf Diät bin. (Begründung)
2. ____________________ wir zwei Plätze bezahlt haben, ist nur einer frei. (Gegengrund)
3. Er wird kurz mit uns reden, ____________________ er wenig Zeit hat.(Gegengrund)
4. Ich kaufe keine Zwetschken, ____________________ ich pflücke sie von unserem Baum. (Entgegenstellung)
5. ____________________ er krank ist, entfällt die letzte Stunde.(Begründung)
6. Er spielt täglich Fußball, ____________________ er trainiert auch täglich Handball. (Reihung)
7. Ich gehe gerne ins Kino, ____________________ ich habe leider wenig Gelegenheit. (Entgegenstellung)

Verweiswörter

Um nicht etwas wörtlich wiederholen zu müssen, verwendest du Verweiswörter.
Sie stellen in einem Text **Sachzusammenhänge** her. Du kannst sie nur im Textzusammenhang erkennen.
Es gibt **zurück- und vorausweisende** Verweiswörter.

Wörter, die häufig die Aufgabe von Verweiswörtern übernehmen, sind Adverbien und Pronomen. (Personalpronomen werden sehr häufig als Stellvertreter für ein Nomen verwendet.)
Häufig als Verweiswörter werden verwendet:
daher, darum, daran, so, dort, da, hier, damals, zuvor, danach, das, dies, deren …

Auch folgende Fügungen helfen den Text zu strukturieren:
… der **folgende** Gedanke / Idee / Vorschlag …
… diese **Überlegungen** …
… mit **diesen Worten** …

Wir wanderten zur Schutzhütte. Als wir **dort** ankamen, fing es zu regnen an. **So** machten wir gleich eine längere Pause.

Die Verweiswörter wurden zurückweisend eingesetzt.

Norbert hatte **folgende** Idee. Er wollte seine Frau mit einer Willkommensparty im neuen Haus überraschen. **Daher** rief er alle Freunde an und bat sie **dorthin** zu kommen.

Das Verweiswort **folgende** wurde vorausweisend eingesetzt.

Ü 148

Zeichne mit Pfeilen ein, wo die Verweiswörter hinweisen!

Wir wollten eigentlich spazieren gehen. Aber **daraus** wurde nichts, denn es begann zu regnen. **So** blieben wir zu Hause. **Dort** machten wir einen lustigen Spielenachmittag.

Herbert hatte für den Abend **folgenden** Vorschlag: Wir sollten uns eine DVD ausborgen und ein Heimkino machen. **Das** gefiel uns allen.

Großer Schlusstest zu den Satzgliedern

Ü 149

Trenne die Satzglieder der folgenden Sätze durch Schrägstriche ab, zeichne auch die Verbklammern ein! Benenne alle Satzglieder!

1. Das Fahrrad meiner Schwester steht im Fahrradständer vor der Schule.
2. Dieses Kreuzworträtsel kann ich schwer lösen.
3. Ernst schenkte mir ein tolles Abenteuerspiel für meinen PC.
4. Am Nachmittag besuchen mich meine Schulfreunde zu Hause.
5. Rafael borgt seiner Schwester sein neues Skateboard nicht sehr gern.
6. Daniel freut sich über die gute Nachricht.
7. Iris verbringt ihre Ferien bei ihren Bekannten in Italien.
8. Roman möchte in der großen Pause im Schulhof Fußball spielen.
9. Langsam fährt der Zug in den Bahnhof ein.
10. Manfred ist auf sein Geburtstagsgeschenk neugierig.
11. Heidi trägt am liebsten Jeans und T-Shirt.
12. Michael schaut andauernd auf seine neue Armbanduhr.
13. Im August werde ich mit Freunden auf ein Ferienlager ins Waldviertel fahren.
14. Mein kleiner Bruder sammelt Briefmarken aus aller Welt.
15. Bald werde ich in die 3. Klasse gehen.
16. Aus diesem Grund freue ich mich auf das nächste Schuljahr.

Ü 150

Führe eine Satzgliedbestimmung bei der folgenden Fabel durch! Bestimme vorher die HS und GS!

Der Hase und die Schildkröte

Der Hase neckte die langsame Schildkröte und forderte sie zum Wettlauf heraus.
Die Schildkröte willigte ein. Der Fuchs half ihnen beim Abstecken der Strecke.
Er gab das Startzeichen. Bald lag die Schildkröte deutlich zurück.
Der Hase hatte schon das Ziel vor Augen. Die Schildkröte konnte er nicht sehen.
Daher legte er sich in den Schatten eines Baumes.
Die Sonne schien warm und das weiche Gras war angenehm.
Er schlief zufrieden ein.
Der überhebliche Hase öffnete die Augen, gerade als die Schildkröte durch das Ziel ging.
„Langsam kommt man auch ans Ziel!“, rief die Schildkröte dem Hasen zu.

(Frei erzählt nach einer antiken Fabel)

Ü 151

Du findest hier zehn schwierige Theorieaufgaben.
Du hast die Antworten bereits in den Merkkästen in den einzelnen Kapiteln gelesen.
Du kannst bei Unklarheiten immer dort nachlesen.

1. Gib an, woran du einen Hauptsatz erkennst!

____

2. Nenne die drei Arten der Ergänzungen!

____

3. Nenne das Satzglied, das dem Subjekt gleichgesetzt ist!

____

4. Führe an, was adverbielle Bestimmungen angeben können!

____

5. Gib an, was in der Frage nach einem Präpositionalobjekt „auftaucht"!

____

6. Nenne die drei Satzarten!

____

7. Schreibe auf, was Konjunktionen ausdrücken!

____

8. Gib an, warum man Verweiswörter verwendet!

____

9. Überlege, ob zwischen „und" und „oder" ein Beistrich gesetzt werden muss, wenn zwei vollständige Hauptsätze miteinander verbunden werden!

____

10. Führe an, wann Prädikate zweiteilig sein können!

____

Ü 152

Markiere im folgenden nacherzählten Märchen alle Verweiswörter und zeige mit Pfeilen an, ob es sich um vorausweisende (→) oder zurückweisende (←) Verweiswörter handelt!

Unterstreiche anschließend im Märchen alle Konjunktionen und gib an, was sie miteinander verbinden (Wortgruppen, HS + HS, HS + GS)! Hilfe dazu findest du im Kapitel „Konjunktionen" (S. 69) und „Hauptsatz und Gliedsatz" (S. 93)!

Was sagen die Leute

Vor langer Zeit lebte ein Vater mit seinem Sohn weit weg von den Menschen. Als der Sohn erwachsen war, hatte er folgenden Wunsch: „Ich möchte mich in der Welt umsehen und hören, was die Menschen über mich sagen." Der Vater schüttelte den Kopf und antwortete darauf: „Wünsche dir das nicht, mein Sohn, denn jeder Mensch sagt nämlich etwas anderes. Was du auch tust, nie wirst du es allen recht machen!"
Das glaubte der junge Mann nicht, daher bat er seinen Vater immer und immer wieder

darum. Der Vater erlaubte es dann doch einmal, und so zogen sie hinaus in die Welt.
Der Vater schritt voran, der Sohn ging neben ihm. Der Esel, den sie am Halfter hielten, trabte hinterher.
Bald begegnete ihnen ein Bauer, der den beiden folgenden Ratschlag gab: „Der Esel ist ein Reit- und Lasttier! Einer von euch sollte sich tragen lassen!" „Der Mann hat Recht! Vater, steig du auf!", rief der Sohn guter Dinge.
So geschah es. Danach begegneten ihnen zwei Wanderer. Diese griffen sich an den Kopf und beanstandeten Folgendes: „Das ist ja eine Unverschämtheit! Der Alte reitet, und den Jungen lässt er zu Fuß gehen!"
Daraufhin tauschten die beiden beschämt die Rollen, sodass der alte Mann hinter dem am Esel reitenden Sohn herlief.
Im Wald sahen sie eine Frau, die Holz sammelte. Dort wurden sie erneut ermahnt: „Es ist eine Schande, dass ein Vater zu Fuß gehen muss und sein feines Söhnchen am Esel reitet!" Darum setzte sich der Vater zum Sohn auf den Esel, und beide ritten weiter.
Bald darauf überholte sie ein Pferdewagen (,) und ein feiner Herr steckte seinen Kopf aus dem Wagen und rief ihnen folgende Warnung zu: „Der treue Esel wird bald eingehen, denn er muss die schwere Last von zwei Personen schleppen. Ihr müsst ihn schonen!" Mit diesen Worten warf er ihnen ein breites Leinenband aus dem Wagen zu und war dahin.
So wickelten sie das Band um den Leib des Esels und steckten einen dicken Ast hindurch, sodass sie das Tier, jeder an einem Astende, tragen konnten. So schleppten sie ihren Esel ein paar Stunden bis zu einem Wirtshaus. Dort saßen einige Leute und lachten laut, als sie das sahen. Sie fragten sich: „Warum reiten die beiden nicht und tragen ihren Esel spazieren?"
Der Sohn wollte auf diese Frage eingehen, aber es kam schon ein weiterer Vorschlag: „Wenn ihr schon nicht reiten wollt, dann führt den Esel doch am Halfter hinter euch her!"
Auch darauf wollte der Sohn eingehen, aber er erinnerte sich, dass sie so von zu Hause losgezogen waren. „Kann man es den Menschen gar nicht recht machen?", fragte der enttäuschte Junge seinen schweigsamen Vater. „Nein, mein Sohn, das kann man nicht, denn allen Menschen recht getan, ist eine Kunst, die niemand kann!"
Mit dieser Erkenntnis kehrte der Sohn zusammen mit seinem Vater in die gemütliche Hütte zurück.

(Frei erzählt nach einem alten Volksmärchen)

Ü 153 **Setze die Beistriche in dieser Sage!**
Wenn du Hilfe benötigst, lies dir die Regeln im Kapitel „Beistrichregeln kurz gefasst“ nochmals durch!
Du kannst dir einen Teil dieser Sage auch diktieren lassen!

Der leichtgläubige Dieb

Der Händler Mirko kam mit seinem Weib todmüde nach Hause und setzte sich auf einen Schemel, um sich die Stiefel auszuziehen.
Diese waren noch nicht von seinen Füßen gestreift als er in der Nebenkammer ein verdächtiges Geräusch hörte.
„Ist da jemand an einen Stuhl gestoßen?“ fragte sich Mirko und winkte seine Frau zu sich. Er legte den Zeigefinger auf seinen Mund und wies mit dem Daumen der anderen Hand in Richtung der Nebenkammer. Durch sein Mienenspiel zeigte er an dass nebenan jemand sein müsse wahrscheinlich ein Dieb.
Mirko war kein Held er war aber schlau.
Plötzlich sprach er ziemlich laut zu seiner Frau: „Weib, hör zu was mir heute Nacht passiert ist. Ich stand beim Fenster und sah in den Hof hinunter. Auf einmal klopfte mir jemand auf die Schulter ich drehte mich um und sah einen Zauberer. Er flüsterte mir ein Verslein ins Ohr und versprach mir dass ich vom höchsten Haus hinunterspringen könnte, ohne Schaden zu nehmen wenn ich den Spruch ganz leise vor mich hin sage. Sofort sprang ich aus dem ersten Stock hinunter in den Hof und landete weich und lautlos am Boden.“
„Oh, das ist fein!“ freute sich die Frau. „Du sagst mir aber diesen Spruch denn sollte ich beim Putzen aus dem Fenster stürzen oder beim Wäscheaufhängen ausrutschen so kann mir der Zauber helfen.“
„Ja, mein liebes Weib, da hast du Recht!“ bestätigte Mirko. „Also hör gut zu und merke dir den Zauberspruch:
Hutzlibuzli, großer Meister, hilf mir rasch aus höchster Not!
Lass mich landen ohne Schaden wenn ich spring vom Fensterladen.
Hadschi, ladschi, batsch – mach dass ich nicht hatsch!“
Kaum hatte Mirko seiner schmunzelnden Frau den Spruch langsam vorgesprochen klatschte es unten im Hof und gleich darauf hörte man lautes Wimmern.
Mirko riss die Tür zur Nebenkammer auf und schaute beim offenen Fenster in den Hof hinunter.
Auf dem höckrigen Steinpflaster wälzte sich eine Gestalt und jammerte fürchterlich.
Er rannte die Holzstiege hinunter stürzte in den Hof und rief die Nachbarn zusammen.
Dann packte er den dummen Einbrecher und entriss ihm lachend ein Bündel: „Ha, du Schurke! Alles was in diesem Bündel ist hast du mir gestohlen. Du glaubst dich auf Hutzlibutzli verlassen zu können doch Gaunern und Dieben hilft er nicht!“
Zusammen mit den Nachbarn packte Mirko den geprellten Dieb und die Männer brachten ihn in den Gemeindekotter.
Noch lange lachten sie über den einfältigen Einbrecher.

(Frei erzählt nach: Aus alten Zeiten. Sagen aus Österreich und den Nachbarländern, Wien 1975, Österreichischer Bundesverlag)

Kompetenz-Check

Das kann ich jetzt!

Kreuze an, was zutrifft! Falls du dich bei dem einen oder anderen Punkt noch nicht sicher fühlst, blättere nochmals zurück und wiederhole diesen Abschnitt!

Ich kann ...	Falls ich noch unsicher bin, kann ich hier nachschlagen:
☐ ... Satzarten (Aussagesatz, Fragesatz, Aufforderungssatz) erkennen und unterscheiden.	S. 93
☐ ... beim Fragesatz zwischen Ergänzungsfrage und Entscheidungsfrage unterscheiden.	S. 93
☐ ... Hauptsatz (HS) und Gliedsatz (GS) bestimmen.	S. 93, 94
☐ ... Beistriche bei Hauptsätzen, wenn sie mit der Konjunktion und verbunden sind, richtig setzen.	S. 94
☐ ... Beistrichregeln anwenden.	S. 95, 101
☐ ... Konjunktionen richtig verwenden.	S. 96, 99, 100
☐ ... Verweiswörter richtig einsetzen und anwenden.	S. 97
☐ ... Satzgliedbestimmungen bei HS und GS durchführen.	S. 98
☐ ... Theorieaufgaben zur Satzlehre lösen.	S. 99

Stichwortverzeichnis

DEUTSCH 2
Grammatik

Kompetent AUFSTEIGEN ...

2. Klasse AHS • NMS

Lösungen

G&G

1 **Nomen:** der Kauf, die Eins, das Schreiben, der Bedarf, das Zeugnis, das Los

---

2 **Adjektive:** klug, lang, gerade, positiv, ruhig, richtig

---

3 **Verben:** zahlen, kosten, rahmen, grillen, sohlen, tragen, streichen

---

4 die Zahlen, die Kosten, die Rahmen, die Grillen (Nomen), die Sohlen, die Tragen, (das Zahlen, das Kosten, das Tragen, das Rahmen, das Grillen, das Streichen = nominal gebrauchte Verben)

---

5 **Präpositionen:** wegen, über, am, gegen, innerhalb, auf

---

6 **Konjunktionen:** und, wenn, aber, nachdem, dass, obwohl

---

7 **Adverbien:** heute, vielleicht, nie, dort, oben, sehr

---

8 Zeitwort – Verb – helfen
Fürwort – Pronomen – er
Vorwort – Präposition – von
Namenwort – Nomen – Hilfe
Geschlechtswort – Artikel – die
Bindewort – Konjunktion – und
Eigenschaftswort – Adjektiv – hilflos

9

Nomen	**Verb**	**Adjektiv**
das Wunder	wundern	wunderbar
die Angst	ängstigen	ängstlich
die Freude	freuen	erfreulich
die Hoffnung	hoffen	hoffnungsvoll
die Rede	reden	redlich
der Feind	anfeinden	feindlich
die Furcht	fürchten	fürchterlich
das Getränk	trinken	trinkbar
die Lust	belustigen	lustig
die Versöhnung	versöhnen	versöhnlich

---

10 **Nomen:** die Schnelligkeit, der Hase, der Alarm, der Sommer, das Tief, die Weisheit, die Weise (Lied)
Adjektiv: sonnig, komisch, finster, peinlich, tief, weise
Verb: füttern, bauen, rudern, aufsetzen, laufen, blättern
Pronomen: sie, uns, dich, euer, ihn
Präposition: vor, in, um, auf
Konjunktion: dass, oder, aber

11

Wortarten	Beispiele
Das Verb (Das Zeitwort)	
finite Form (bestimmte Form)	laufe, lief
infinite Form (unbestimmte Form)	laufend, gelaufen
Das Nomen (Das Namenwort)	
Einzahl / Mehrzahl	Lauf, Läufe
Das Pronomen (Das Fürwort)	wir/ihr/sie
Der Artikel (Das Geschlechtswort)	der/die/das
Das Adjektiv (Das Eigenschaftswort)	spaßig, schön
Das Adverb (Das Umstandswort)	oben, bald, kaum
Die Präposition (Das Vorwort)	mit, gegen, auf
Die Konjunktion (Das Bindewort)	weil, aber

12

1. bauen – baute – gebaut: schwach
2. schweben – schwebte – geschwebt: schwach
3. drücken – drückte – gedrückt: schwach
4. graben – grub – gegraben: stark
5. tragen – trug – getragen: stark
6. kochen – kochte – gekocht: schwach
7. essen – aß – gegessen: stark
8. trinken – trank – getrunken: stark
9. düngen – düngte – gedüngt: schwach
10. schwimmen – schwamm – geschwommen: stark

13

Infinitiv	Präsens	Präteritum
abreißen	er reißt ab	er riss ab
geben	es gibt	es gab
aufbrechen	ich breche auf	ich brach auf
fressen	es frisst	es fraß
eingraben	wir graben ein	wir gruben ein
springen	ihr springt	ihr sprangt
stoßen	du stößt	du stießest
aufdecken	ich decke auf	ich deckte auf
rammen	wir rammen	wir rammten
fließen	es fließt	es floss

14

sie werfen: 3. Pers. Plural, Präsens (Gegenwart)
er winkte: 3. Pers. Singular, Präteritum (Mitvergangenheit)
du bindest: 2. Pers. Singular, Präsens (Gegenwart)
ich habe gekauft: 1. Pers. Singular, Perfekt (Vergangenheit)
ihr hattet gegessen: 2. Pers. Plural, Plusquamperfekt (Vorvergangenheit)
wir sind umgezogen: 1. Pers. Plural, Perfekt
es steht fest: 3. Pers. Singular, Präsens
sie war gekommen: 3. Pers. Plural, Plusquamperfekt
er ist eingezogen: 3. Pers. Singular, Perfekt
es läuft ab: 3. Pers. Singular, Präsens

es hat gekocht: 3. Pers. Singular, Perfekt
sie hatten geschworen: 3. Pers. Plural, Plusquamperfekt
es wird schneien: 3. Pers. Singular, Futur
ich hatte geklopft: 1. Pers. Singular, Plusquamperfekt
du wirst starten: 2. Pers. Singular, Futur
sie taucht unter: 3. Pers. Singular, Präsens
ihr habt getrunken: 2. Pers. Plural, Perfekt
sie nahmen teil: 3. Pers. Plural, Präteritum
er wird verzieren: 3. Pers. Singular, Futur
du schliefst: 2. Pers. Singular, Präteritum
sie war gerannt: 3. Pers. Singular, Plusquamperfekt
ich habe geschrieben: 1. Pers. Singular, Perfekt
wir aßen: 1. Pers. Plural, Präteritum
ihr seid gefahren: 2. Pers. Plural, Perfekt

15

Infinitiv	1. Partizip	2. Partizip
sein	laufend	gefahren
waschen	blühend	zusammengelaufen
kaufen	tropfend	angebunden

16

Nennform	1. Partizip	2. Partizip
zeichnen	zeichnend	gezeichnet
antreiben	antreibend	angetrieben
weinen	weinend	geweint
ausrinnen	ausrinnend	ausgeronnen
anlaufen	anlaufend	angelaufen
mahlen	mahlend	gemahlen
tragen	tragend	getragen
fließen	fließend	geflossen
rufen	rufend	gerufen

17

1. ein altes gestrandetes Boot (**2.**)
2. ein gesprungenes Glas (**2.**)
3. eine schwimmende Kerze (**1.**)
4. eine blühende Fantasie (**1.**)
5. ein knusprig gebratenes Huhn (**2.**)
6. ein verbranntes Kotelett (**2.**)
7. dampfend heiße Milch (**1.**)
8. eine bunt leuchtende Rakete (**1.**)
9. ein lachendes Kind (**1.**)
10. ein gekonnter Sprung ins Wasser (**2.**)

18

1. Ein Hund, der bellt, ist ein **bellender** Hund. (**1.**)
2. Ein Eisberg, der schwimmt, ist ein **schwimmender** Eisberg. (**1.**)
3. Ein Schiff, das gestrandet ist, ist ein **gestrandetes** Schiff. (**2.**)
4. Fisch, der gebraten ist, ist **gebratener** Fisch. (**2.**)
5. Eine Rose, die verblüht ist, ist eine **verblühte** Rose. (**2.**)

6. Ein Kind, das weint, ist ein **weinendes** Kind. (**1.**)
7. Milch, die geronnen ist, ist **geronnene** Milch. (**2.**)
8. Ein Wasserhahn, der tropft, ist ein **tropfender** Wasserhahn. (**1.**)
9. Käse, der stinkt, ist ein **stinkender** Käse. (**1.**)
10. Ein Magen, der knurrt, ist ein **knurrender** Magen. (**1.**)
11. Ein Plan, der gezeichnet ist, ist ein **gezeichneter** Plan. (**2.**)
12. Ein Braten, der gefüllt ist, ist ein **gefüllter** Braten. (**2.**)

19

1. Die Bienen summen. (**1**)
2. Wir verscheuchen die lästigen Fliegen. (**2**)
3. Dein Hund bellt. (**1**)
4. Sie schenkte mir eine Tafel Schokolade. (**3**)
5. Diese Stiefel gehören dem Stallburschen. (**2**)
6. Er vergönnt ihm eine kurze Verschnaufpause. (**3**)
7. Der Bagger gräbt vor unserem Haus. (**2**)
8. Er borgt mir seinen neuen Gameboy. (**3**)
9. Unser Wellensittich Putzi spricht. (**1**)
10. Sie seiht die Nudeln ab. (**2**)

20

Präsens	**Präteritum**	**Präsens**	**Präteritum**
ich turne	ich turnte	ich fahre	ich fuhr
du turnst	du turntest	du fährst	du fuhrst
er/sie/es turnt	es/sie/es turnte	er/sie/es fährt	er/sie/es fuhr
wir turnen	wir turnten	wir fahren	wir fuhren
ihr turnt	ihr turntet	ihr fahrt	ihr fuhrt
sie turnen	sie turnten	sie fahren	sie fuhren

turnen = schwaches Verb: Wortstamm bleibt unverändert
fahren = starkes Verb: verändert den Vokal im Wortstamm

21

Früher und heute
Früher gab es nur in wenigen Haushalten einen Fernsehapparat.
Heute steht fast in jedem Haus ein Fernseher mit DVD-Player.
Gab es früher nur zwei Fernsehprogramme, so wählen wir heute aus über 100 Programmen aus.
Begann früher die Sendezeit erst am Nachmittag und endete spätestens um Mitternacht, so sehen wir heute zu jeder Tages- und Nachtzeit etwas im Fernsehen.
Wie wird das denn in Zukunft sein?

22

Perfekt	**Plusquamperfekt**	**Futur**
ich habe geturnt	ich hatte geturnt	ich werde turnen
du hast geturnt	du hattest geturnt	du wirst turnen
er/sie/es hat geturnt	er/sie/es hatte geturnt	er/sie/es wird turnen
wir haben geturnt	wir hatten geturnt	wir werden turnen
ihr habt geturnt	ihr hattet geturnt	ihr werdet turnen
sie haben geturnt	sie hatten geturnt	sie werden turnen

Perfekt	**Plusquamperfekt**	**Futur**
ich bin gefahren	ich war gefahren	ich werde fahren
du bist gefahren	du warst gefahren	du wirst fahren
er/sie/es ist gefahren	er/sie/es war gefahren	er/sie/es wird fahren
wir sind gefahren	wir waren gefahren	wir werden fahren
ihr seid gefahren	ihr wart gefahren	ihr werdet fahren
sie sind gefahren	sie waren gefahren	sie werden fahren

turnen = schwaches Verb: 2. Partizip endet auf -t
fahren = starkes Verb: 2. Partizip endet auf -en

23
1. Er wird schon rechtzeitig kommen. (Futur)
2. Kevin hat gestern eine schwierige Prüfung bestanden. (Perfekt)
3. Monika hatte noch keine Rückmeldung bekommen. (Plusquamperfekt)
4. Du hast dich sicherlich geirrt. (Perfekt)
5. Wann wirst du endlich damit aufhören? (Futur)
6. Philipp war schon vorher weggegangen. (Plusquamperfekt)
7. Barbara ist nicht wieder gekommen. (Perfekt)
8. Ihr seid leider umsonst hergefahren. (Perfekt)
9. Sie waren einen ganzen Tag mit dem Zug unterwegs. (Präteritum) waren = Vollverb

Perfekt, Plusquamperfekt und Futur werden mit einem Hilfsverb gebildet.

24
1. Helga **darf** am Wochenende nicht kommen.
2. Wir **können** sofort losfahren.
3. Die Kinder **möchten** gerne Eis essen.
4. Es **muss** nicht immer gleich alles geschehen.
5. Du **sollst** dich doch nicht so plagen!
6. Norbert **will** schon schlafen gehen.
7. Elvira **mag** keine Pommes frites mit Ketchup haben.

---

25 Eva findet das Buch, nachdem sie ihr ganzes Zimmer danach abgesucht hat.
Sobald seine Verletzung geheilt ist, geht Erwin wieder Fußball spielen.
Monika näht sich ein Sommerkleid, nachdem sie einen hübschen Stoff gekauft hat.
Christian bestellt sich einen großen Eisbecher, obwohl er gestern starkes Halsweh gehabt hat.

---

26 Lisa ging ins Badezimmer, nachdem sie aufgestanden war.
Paul fand die Lösung, nachdem er lange überlegt hatte.
Sascha verpasste den Zug, obwohl er schon zeitig weggegangen war.
Sobald sie ihr Studium beendet hatte, zog Birgit in eine eigene Wohnung.

27
1. Ich kaufte mir ein Pizzastangerl, weil ich wenig gefrühstückt hatte.
2. Julia kam zu mir, sobald sie ihre Aufgaben gemacht hatte.
3. Christopher musste viel nachschreiben, weil er lange gefehlt hatte.
4. Wir trafen uns wieder, sobald wir alles erledigt hatten.
5. Gabi schrieb auf einem Zettel, weil sie ihr Heft vergessen hatte.
6. Er hängte seinen Mantel an den Haken, nachdem er die Tür geschlossen hatte.

28

1. Sie **gibt** ihre Schularbeit ab, nachdem sie den Aufsatz genau **durchgelesen hat**.
   Sie **gab** ihre Schularbeit ab, nachdem sie den Aufsatz genau **durchgelesen hatte**.
2. Er **rechnet** das Beispiel nochmals, weil er sich **geirrt hat**.
   Er **rechnete** das Beispiel nochmals, weil er sich **geirrt hatte**.
3. Sobald ich das Geschirr **abgewaschen habe**, **darf** ich in die Stadt gehen.
   Sobald ich das Geschirr **abgewaschen hatte**, **durfte** ich in die Stadt gehen.
4. Karin **bestellt sich** ein Menü, nachdem der Kellner ihr die Speisekarte **gebracht hat**.
   Karin **bestellte sich** ein Menü, nachdem der Kellner ihr die Speisekarte **gebracht hatte**.

29

		(grammat.) Zeitform	**(natürliche) Zeitstufe**
1.	Martin holt sein Handy nächste Woche ab,	Präsens	Zukünftiges
	es wird dann repariert sein.	Futur	Zukünftiges
2.	Ich komme morgen nicht,	Präsens	Zukünftiges
	weil ich Nachmittagsturnen habe.	Präsens	Zukünftiges
3.	Gregor bekam endlich seinen Toast,	Präteritum	Vergangenes
	nachdem er 30 Minuten gewartet hatte.	Plusquamperfekt	Vergangenes
4.	Sobald ich den Abwasch erledigt habe,	Perfekt	Vergangenes
	koche ich uns Kaffee.	Präsens	Zukünftiges
5.	Ich übe gerade,	Präsens	Gegenwärtiges
	weil wir nächste Woche Schularbeit haben.	Präsens	Zukünftiges

---

30

Mein Vater erzählt aus seiner Kindheit
Damals hat es bei uns zu Hause noch keinen Fernseher gegeben. Wir sind ins Kino gegangen, um einen „Cowboy-Film“ zu sehen (Infinitiv).
Manchmal habe ich bei unseren alten Nachbarn am Samstagnachmittag einen alten Spielfilm angeschaut. Ich habe mich immer sehr darüber gefreut.
Am liebsten habe ich den Zeichentrickfilm „Familie Feuerstein“ und die Westernserie „Bonanza“ gesehen.
1972 haben wir dann unseren ersten Schwarzweißfernseher bekommen.
Alle meine Freunde sind am Abend gekommen und wir haben uns „Familie Feuerstein“ angeschaut.

Es handelt sich um die Zeitform Perfekt!

31

Damals gab es bei uns zu Hause noch keinen Fernseher. Wir gingen ins Kino, um einen „Cowboy-Film“ zu sehen (Infinitiv).
Manchmal schaute ich bei unseren alten Nachbarn am Samstagnachmittag einen alten Spielfilm an. Ich freute mich immer sehr darüber.
Am liebsten sah ich den Zeichentrickfilm „Familie Feuerstein“ und die Westernserie „Bonanza“.
1972 bekamen wir dann unseren ersten Schwarzweißfernseher. Alle meine Freunde kamen am Abend und wir schauten uns „Familie Feuerstein“ an.

32

1. Während du hier schreibst (Präsens), brennt (Präsens) in der Küche die Milch an.
2. Sobald ich mit dem Nähen fertig war (Präteritum), machte (Präteritum) ich mir eine köstliche Jause.
3. Nachdem er ausgiebig gegessen und getrunken hatte (Plusquamperfekt), schlief (Präteritum) er am Tisch ein.
4. Seitdem ich hier wohne (Präsens), hat (Perfekt) er mich noch nie besucht.
5. Als er 16 Jahre war (Präteritum), bekam (Präteritum) er ein Moped.
6. Bevor noch die Sonne aufging (Präteritum), waren (Plusquamperfekt) wir schon aufgebrochen.
7. Während wir das Gemüse putzten (Präteritum), rührten (Präteritum) sie den Teig.
8. Nachdem wir den ganzen Tag gearbeitet hatten (Plusquamperfekt), rasteten (Präteritum) wir uns am Abend aus.

33

Sturz mit Folgen

Ich verließ (Präteritum) die Sporthalle, nachdem ich eilig meine Turnsachen in meine Sporttasche gestopft hatte (Plusquamperfekt), und machte (Präteritum) mich schleunigst auf den Weg nach Hause.

Ich fuhr (Präteritum) mit meinem Rad, so schnell ich konnte (Präteritum). Ich wollte (Präteritum) nur weg.

Gerade während des Wettkampfes passiert (Präsens) mir so ein peinliches Missgeschick. Ich rutsche aus (Präsens) und lande (Präsens) direkt vor den Preisrichtern. Alle schweigen (Präsens), ich stehe auf (Präsens) und humple (Präsens) in die Garderobe. Was werden sie über mich sagen (Futur)? Sie werden jetzt über mich lachen (Futur).

Nach einer Viertelstunde war (Präteritum) ich endlich zu Hause. Mein Kniegelenk schmerzte (Präteritum) heftig. Nachdem ich auf das geschwollene Gelenk eine Packung Eiswürfel aufgelegt hatte (Plusquamperfekt), merkte (Präteritum) ich eine leichte Besserung.

Mein Handy läutete (Präteritum), ich hatte vergessen (Plusquamperfekt) es auszuschalten (INFINITIV!).

Bald darauf erreichte (Präteritum) mich dein SMS. Ich hatte den Bewerb doch gewonnen (Plusquamperfekt).

Meine Vorführung am Balken hatte die Preisrichter beeindruckt (Plusquamperfekt), der Sturz zählte (Präteritum) ja nicht zu meinem Turnprogramm. Überglücklich holte (Präteritum) ich mir eine neue Eispackung für mein angeschwollenes Kniegelenk.

34

1. Nächste Woche schreiben wir die nächste Deutschschularbeit. **C Zukünftiges**
2. Ich lerne gerade Vokabeln. **A Gegenwärtiges**
3. Zu Weihnachten wünsche ich mir ein neues Handy. **C Zukünftiges**
4. Die Post kommt immer um 11 Uhr. **D Allgemein Gültiges**
5. 1972 bekommen wir unseren ersten Fernseher. **B Vergangenes**
6. Öl schwimmt auf Wasser. **D Allgemein Gültiges**
7. Im nächsten Schuljahr melde ich mich für Bühnenspiel an. **C Zukünftiges**
8. Ich esse jetzt nichts mehr. **A Gegenwärtiges**

35 Ich werde zunächst einmal die Aufgaben kontrollieren. **Absicht**
Es wird heute noch schneien. **Vermutung**
Wir werden jetzt aufbrechen. **Absicht**
Wirst du dich endlich hinsetzen! **Befehl**
Sie wird sicherlich eine gute Arbeit schreiben. **Vermutung**
Rudi wird es schon schaffen. **Vermutung**
Er wird jetzt bereits in London sein. **Vermutung**
Ihr werdet jetzt sofort still sein! **Befehl**

36
1. Ein Aquarell wird (von der Künstlerin) gemalt.
2. Der Täter wird (von der Polizei) verhaftet.
3. Der Schulhof wird (von der Schulwartin) zusammengekehrt.
4. Die Vögel werden im Winter (von Gerhard) gefüttert.
5. Die Formulare werden (vom Sekretär) färbig kopiert.
6. Der Motorradfahrer wird (von der Polizistin) angehalten.
7. Der Sehbehinderte wird (vom Blindenhund) über die Straße geführt.
8. Die Kunden werden (vom Verkäufer) freundlich bedient.
9. Frisches Gebäck wird täglich (von der Bäckerin) geliefert.
10. Eine Wasserprobe wird täglich (vom Biologen) entnommen.

37

abholen:	Präsens	Es wird abgeholt.
	Präteritum	Es wurde abgeholt.
	Perfekt	Es ist abgeholt worden.
	Plusquamperfekt	Es war abgeholt worden.
besuchen:	Präsens	Der Kranke wird besucht.
	Präteritum	Der Kranke wurde besucht.
	Perfekt	Der Kranke ist besucht worden.
	Plusquamperfekt	Der Kranke war besucht worden.
diktieren:	Präsens	Der Brief wird diktiert.
	Präteritum	Der Brief wurde diktiert.
	Perfekt	Der Brief ist diktiert worden.
	Plusquamperfekt	Der Brief war diktiert worden.

38
1. Ich werde dich um 20 Uhr abholen. (**A**)
2. Der Eilbrief wird von der Post noch heute zugestellt. (**P**)
3. Ich wurde um 8 Uhr abgeholt. (**P**)
4. Der Koch stellte die Auflaufform ins Backrohr. (**A**)
5. Hoffentlich wird der Klebstoff auch halten. (**A**)
6. Die Kekse werden bei 180 Grad gebacken. (**P**)
7. Die Gartenlaube ist geschnitten. (**P**)
8. Der Kleister ist dünn auf den Karton aufgetragen worden. (**P**)
9. Der Zeichenlehrer arbeitet mit der Laubsäge. (**A**)
10. Die Holzplatte wird mit der Laubsäge bearbeitet. (**P**)
11. Großmutter war nach Hause gefahren worden. (**P**)
12. Die Lautsprecher sind eingeschaltet. (**P**)
13. Der Teig wird dünn ausgewalkt. (**P**)

39 Ich werde mich mit der Hausübung beeilen. **Aktiv / Futur**
Der Vortrag ist nun beendet. **Zustandspassiv / Präsens**
Der Dieb wurde von der Polizei gefasst. **Vorgangspassiv / Präteritum**
Diese Telefonleitung wurde gestern verlegt. **Vorgangspassiv / Präteritum**
Der Rasen wird demnächst gemäht werden. **Vorgangspassiv / Futur**
Der Eissalon wird im Mai geöffnet. **Vorgangspassiv / Präsens**
Die Titanic ist 1912 gesunken. **Aktiv / Perfekt**
Der Kaufvertrag ist bereits unterzeichnet. **Zustandspassiv / Präsens**
Die Rechnung wird sofort geschrieben. **Vorgangspassiv / Präsens**
Der Aktenkoffer wurde heute hier vergessen. **Vorgangspassiv / Präteritum**
Der Verurteilte hat berufen. **Aktiv / Perfekt**
Die Schüler werden sich darüber freuen. **Aktiv / Futur**

40
1. Die Fußballspieler werden von den Zuschauern angefeuert.
3. Alle Gegner wurden von der Mannschaft in dieser Saison besiegt.
7. Die Verletzten werden von der Krankenschwester versorgt.

---

41 genießen, verlaufen, begraben, rufen, sitzen, liegen

42

Infinitiv	**1. Partizip**	**2. Partizip**
pflanzen	pflanzend	gepflanzt
singen	singend	gesungen
mähen	mähend	gemäht
sprechen	sprechend	gesprochen
liegen	liegend	gelegen
summen	summend	gesummt
prüfen	prüfend	geprüft
humpeln	humpelnd	gehumpelt
fliegen	fliegend	geflogen
trauern	trauernd	getrauert

---

43 **einteilig:** Präsens, Präteritum
mehrteilig: Perfekt, Plusquamperfekt, Futur

---

44 er ist gesprungen: Perfekt
wir waren gekommen: Plusquamperfekt
ihr hattet gesungen: Plusquamperfekt
sie sind gesprungen: Perfekt
du wirst feiern: Futur
er war gelaufen: Plusquamperfekt
wir haben getanzt: Perfekt
es wird tragen: Futur
du bist gelegen: Perfekt
sie haben getrunken: Perfekt

45 1. Erwin darf keine Milchprodukte essen.
2. Sonja muss die ganze Woche meine Katze füttern.
3. Will Katja auch ins Kino mitkommen?
4. Robert kann leider nicht mitgehen.
5. Wer will, soll morgen kommen.

---

46 **Zeitstufen:** Gegenwärtiges, Vergangenes, Zukünftiges
Zeitformen: Präsens, Präteritum, Perfekt, Plusquamperfekt, Futur

---

47 Peter verbringt die Ferien am Bauernhof. **Präsens / Gegenwärtiges**
Sophie fährt nächste Woche auf Schikurs. **Präsens / Zukünftiges**
Der Feuerwehrmann überprüfte letzte Woche die Feuerlöscher.
Präteritum / Vergangenes
Sie hatten den Nachtzug genommen. **Plusquamperfekt / Vergangenes**
Sabrina nimmt dieses Jahr am Abschlusskonzert teil. **Präsens / Zukünftiges**
Sie wird das ganze Jahr fleißig dafür üben. **Futur / Zukünftiges**

---

48 **Mit dem Präsens kannst du alle Zeitstufen ausdrücken.**

---

49 **Passiv**
Das Feld wird (vom Bauern) bestellt.
Die Hühner und Gänse wurden (von der Bäuerin) gefüttert.
Der Stall wird (vom Stallburschen) ausgemistet.
Der Heuwagen wurde gestern (von den Landarbeitern) beladen.
Die Eier werden (von den Kindern) aus dem Stall geholt.

Aktiv
Der Landarbeiter bringt die Ernte ein.
Der Bauer schaltet die Melkmaschine ein.
Der Bauer mähte vorgestern das Gras.

---

50 1. Die Feldarbeit ist für heute beendet. (**Z**)
2. Die Stallarbeit wird nun gemacht. (**V**)
3. Der Bauer streut das Heu ein. (**A**)
4. Die Schweine werden am Abend gefüttert. (**V**)
5. Die Milch wurde bereits in Kannen abgefüllt. (**V**)
6. Der Schafkäse wird noch heute zubereitet werden. (**V**)
7. Die geernteten Gurken werden von der Großmutter ins Kühlhaus gebracht. (**V**)
8. Die Kinder spielen im Gemüsegarten Nachlaufen. (**A**)
9. Die jungen Salatpflanzen sind bereits zertreten. (**Z**)
10. Die Großmutter wird sich darüber nicht freuen. (**A**)

---

51 Du verwendest dazu das **Perfekt**.

---

52 Du verwendest dazu das **Präteritum**.

53 **Nomen:** Betten, Schuh, Kauf, Gut, Suche, Gang, Liebe

54 die Betten, der Schuh, der Kauf, das Gut, die Suche, der Gang, die Liebe

55

best. Artikel/Singular	best. Artikel/Plural	unbest. Artikel/Singular
der Koffer	die Koffer	ein Koffer
der Bus	die Busse	ein Bus
der Atlas	die Atlanten	ein Atlas
der Schi	die Schier	ein Schi
das Auto	die Autos	ein Auto
der Hirsch	die Hirsche	ein Hirsch
der Onkel	die Onkel	ein Onkel
die Semmel	die Semmeln	eine Semmel
die Zwiebel	die Zwiebeln	eine Zwiebel
die Mutter	die Mütter	eine Mutter
die Bank	die Bänke/die Banken	eine Bank
das Tor	die Tore	ein Tor
der Tor (der Narr)	die Toren	ein Tor
der Kaktus	die Kakteen	ein Kaktus
das Datum	die Daten	ein Datum

56

der Tellerrand (männlich)	die Tellerränder
die Taube (weiblich)	die Tauben
das Rebhuhn (sächlich)	die Rebhühner
die Stehlampe (weiblich)	die Stehlampen
die Milch (weiblich)	XXXXXXXX
das Blumengesteck (sächlich)	die Blumengestecke
das Obst (sächlich)	XXXXXXXX
die Krankheit (weiblich)	die Krankheiten
der Wurf (männlich)	die Würfe
der Koffer (männlich)	die Koffer

57 + 58 Nomen und ihre Begleiter werden durch Unterstreichen gekennzeichnet.
Adjektive vor den Nomen sind fett gedruckt.

Die **roten** Augen

Durch ein **lautes** Geräusch wurde ich wach. Ängstlich schaute ich mich in meinem Zimmer um. Ich wollte zur (zu der) Nachttischlampe hinübergreifen, als ich sah, dass mich von dorther zwei **rote** Augen anstarrten.
Ich zog blitzschnell die Bettdecke über meinen Kopf und wartete zitternd ab. Vorsichtig blinzelte ich unter der **großen** Decke hervor und sah wieder die **bedrohlichen** Augen.
Die Geräusche wurden immer heftiger, der Wind tobte auch stärker.
Wer hatte sich in mein Zimmer geschlichen und stand jetzt neben meinem Bett? Ich zitterte am (an dem) **ganzen** Körper. Was sollte ich nur tun? Ich nahm meinen **wenigen** Mut zusammen, den ich in solch einer **furchtbaren** Lage noch haben konnte, und griff zum (zu dem) Lichtschalter der **kleinen** Nachttischlampe.

Erleichtert, aber auch verärgert über meine Ängstlichkeit, sah ich die **roten** Leuchtziffern meines Weckers.
Und da ich jetzt hellwach war, konnte ich auch die **schweren** Fensterläden schließen, die der **heftige** Wind immer wieder an die Hausmauer gestoßen hatte.

59

zusammengesetzte Nomen	**Mehrzahl**
1. das Lebensmittel	die Lebensmittel (sächlich)
2. der Knotenpunkt	die Knotenpunkte (männlich)
3. der Geschirrtuchhalter	die Geschirrtuchhalter (männlich)
4. das Bücherregal	die Bücherregale (sächlich)
5. die Hundehütte	die Hundehütten (weiblich)
6. die Armbanduhr	die Armbanduhren (weiblich)
7. die Türschnalle	die Türschnallen (weiblich)
8. die Blumentopferde	XXXXXXX (weiblich)
9. die Buttermilch	XXXXXXX (weiblich)

60

Stichwort	**Artikel**	**2. Fall**	**Plural**	**Beispiele, Erklärungen**
See	der	-s	-n	ein Binnengewässer
See	die	-	kein Plural	das Meer
Tod	der	-(e)s	-e	der schwarze Tod
Urlaub	der	-(e)s	-e	Urlaub haben
Vertrag	der	-(e)s	-träge	einen Vertrag schließen
Forelle	die	-	-n	ein Fisch

61

Wortart	**Nomen**	**Mehrzahl**
erfinden (Verb)	Erfind**ung**	Erfind**ung**en
entschuldigen (Verb)	Entschuldig**ung**	Entschuldig**ung**en
höflich (Adjektiv)	Höflich**keit**	Höflich**keit**en
schön (Adjektiv)	Schön**heit**	Schön**heit**en
geheim (Adjektiv)	Geheim**nis**	Geheim**nis**se
ärgern (Verb)	Ärger**nis**	Ärger**nis**se
reich (Adjektiv)	Reich**tum**	Reich**tüm**er
belohnen (Verb)	Belohn**ung**	Belohn**ung**en
krank (Adjektiv)	Krank**heit**	Krank**heit**en
pünktlich (Adjektiv)	Pünktlich**keit**	XXXXXX
ehrlich (Adjektiv)	Ehrlich**keit**	XXXXXX
selten (Adjektiv)	Selten**heit**	Selten**heit**en
unfähig (Adjektiv)	Unfähig**keit**	Unfähig**keit**en
färben (Verb)	Färb**ung**	Färb**ung**en
heilig (Adjektiv)	Heilig**tum**, Heilig**keit**	Heilig**tüm**er
bestellen (Verb)	Bestell**ung**	Bestell**ung**en

62

Verb (Infinitiv)	**Verb mit Artikel**	**mit verstecktem Artikel**	**mit Pronomen**
abschreiben	**das A**bschreiben	**beim A**bschreiben	**sein A**bschreiben
einkaufen	**das E**inkaufen	**zum E**inkaufen	**ihr E**inkaufen
wegwerfen	**das W**egwerfen	**zum W**egwerfen	**euer W**egwerfen

spielen	**das S**pielen	**beim S**pielen	**sein S**pielen
weinen	**das W**einen	**zum W**einen	**dein W**einen
essen	**das E**ssen	**vom E**ssen	**mein E**ssen
gehen	**das G**ehen	**im G**ehen	**sein G**ehen
stehen	**das S**tehen	**im S**tehen	**ihr S**tehen
plan(t)schen	**das P**lan(t)schen	**zum P**lan(t)schen	**unser P**lan(t)schen

63

Adjektiv	**unbestimmtes Zahlwort + Adjektiv**
vieles ist für uns **neu**	**viel N**eues
manches ist uns **bekannt**	**manches B**ekannt**e**
etwas ist uns **fremd**	**etwas F**remd**es**
nichts ist **interessant**	**nichts I**nteressant**es**
wenig war **brauchbar**	**wenig B**rauchbar**es**
alles ist **roh**	**alles R**ohe
einiges war **gut**	**einiges G**ute

64

1. Der **A**lte kann noch nichts **N**eues wissen.
2. Der **J**unge hat etwas **A**ltes gekauft.
3. Der **a**lte Reisende konnte viel **I**nteressantes erzählen.
4. Der **j**unge Arzt weiß nur wenig **G**utes zu berichten.
5. Die **K**leinen fanden nur wenig **b**rauchbares Werkzeug in der Werkstatt.
6. Der **j**unge Hund wollte nichts **R**ohes fressen.
7. Die **m**eisten Schüler konnten viel **n**eues Wissen zeigen.
8. Der **n**ette Verkäufer zeigte uns viele **i**nteressante Neuigkeiten.
9. Im **g**roßen Geschäft konnten wir allerlei **M**odisches finden.
10. Mein **k**leiner Bruder möchte nichts **S**chwarzes anziehen.

65 Versuch es mit Gemütlichkeit!

„Unser neuer Klassenraum ist ungemütlich!", nörgelten zu Schulbeginn einige Neue in unserer Klasse. „Es fehlt etwas Gemütliches zum Sitzen!", stellten dieselben fest. Die Neuen hatten Recht (recht). Zum Sitzen gab es nur die harten Sessel und zum Ablegen für unsere Sachen nur die Schreibtische.

„Für unsere Klassengemeinschaft wäre es auch besser, wenn in der Pause ein Zusammensitzen möglich wäre!", meinten die Mädchen. Die Burschen behaupteten nichts Gegenteiliges und begannen über das Wie zu sprechen.

Das Reden brachte uns auf die Idee, unsere Familien und Nachbarn nach alten Polstermöbeln oder etwas Ähnlichem zu fragen.

Unser Fragen zeigte Erfolg. Schon in der dritten Schulwoche hatten wir ein gebrauchtes, aber sehr gemütliches Sofa, drei kleine gepolsterte Hocker zum Sitzen und ein kleines Tischchen zum Abstellen für Getränke und Jause.

Etwas Gutes hatte diese neue Sitzecke auch noch bewirkt:

Wir machten uns aus, dass immer diejenigen das Vorrecht zum Benutzen der gemütlichen Ecke haben sollen, die sich um das Sauberhalten des Klassenzimmers besonders bemühen. So ist unser Klassenraum jetzt nicht nur gemütlich, sondern auch sauber.

66

1. die Frau, der Frau, die Frauen: **schwach**
2. der Bote, des Boten, die Boten: **schwach**
3. der Staat, des Staates, die Staaten: **gemischt**
4. das Lamm, des Lammes, die Lämmer: **stark**
5. die Wand, der Wand, die Wände: **stark**
6. der Tisch, des Tisches, die Tische: **stark**

67

1. Der Hund (1.) jagt einen Kater (4.).
2. Der Kater (1.) rennt um sein Leben.
3. Dem Nachbarn (3.) gehört der Hund (1.).
4. Noch nie hat der Hund (1.) einen Kater (4.) erwischt.
5. Aber der Kater (1.) hat dem Hund (3.) einen Kratzer (4.) verpasst.

68

1. Die Mutter winkt dem Vater. (Wem? Dativ)
2. Der Bruder hört dem Opa zu. (Wem? Dativ)
3. Ich helfe dem Banknachbarn. (Wem? Dativ)
4. Der Hund läuft dem Onkel nach. (Wem? Dativ)
5. Er traut dem Frieden. (Wem? Dativ)
6. Der Lehrer prüft den Buben. (Wen? Akkusativ)
7. Wir treten dem Club bei. (Wem? Dativ)
8. Das Zimmer gefällt dem Bruder. (Wem? Dativ)
9. Die Katze entkommt den Schäferhunden. (Wem? Dativ)
10. Das Rad gehört dem Schwager. (Wem? Dativ)
11. Der Polizist kontrolliert den Führerschein. (Wen? Akkusativ)
12. Der Trainer ruft den Torwart. (Wen? Akkusativ)

69

1. Ich komme mit meine**m** Vater. (Dativ) MIR
2. Wir fahren zu seine**m** Freund. (Dativ) MIR
3. Seit diese**m** Tag wohnt er bei mir. (Dativ) MIR
4. Nach unsere**m** Spiel feierten wir de**n** ersten Sieg. (Dativ) (Akkusativ) MICH
5. Das Geschenk hatte ich von meine**m** Großvater bekommen. (Dativ) MIR
6. Wir werden bei jede**m** Wetter wandern gehen. (Dativ) MIR
7. Sie wohnen gegenüber de**m** Bahnhof. (Dativ) MIR
8. Er übergibt de**m** neuen Mieter de**n** Haustorschlüssel. (Dativ) MIR (Akkusativ) MICH
9. Sven kauft seine**m** Freund diese**n** Rucksack zum Geburtstag. (Dativ) MIR (Akkusativ) MICH
10. Er verspricht de**n** Kindern eine**n** großen Eisbecher. (Dativ) MIR (Akkusativ) MICH

70

1. Das Lesebuch liegt auf **dem** Küchentisch.
2. Stell **den** Wäschekorb auf **den** Wäschetrockner!
3. Die Brille liegt neben **dem** Telefon.
4. Legen Sie bitte **den** Hörer neben **den** Apparat.
5. Wir hängten die Lampe genau über **dem** Tisch auf.

71
1. Nach de**m** lang anhaltenden Regen sehen wir endlich wieder de**n** blauen Himmel.
2. Kinder sollten mit eine**m** Sonnenschirm vor de**n** Strahlen der Sonne geschützt werden.
3. Die Seeleute mussten sich mühsam gegen de**n** peitschenden Seesturm zur Wehr setzen.
4. Die Schifahrer mussten sich durch ein**e** Schussfahrt vor de**m** losgetretenen Schneebrett in Sicherheit bringen.
5. Die jungen Pflanzen werden unter de**n** starken Strahlen der Sonne verdorren.
6. Die Urlauber suchen in de**n** Bergen und Tälern, an de**n** Ufern der Gewässer, in de**n** Wäldern, auf de**n** Wiesen und auf de**m** Feld Erholung.
7. Wir verabschieden de**n** hohen Gast mit de**n** größten Ehren.
8. Der Pfleger legte de**n** Verletzten neue Verbände an.
9. Die Schüler besuchten zu Weihnachten de**n** kranken Freund und brachten de**m** Buben eine**n** Korb mit de**n** Naschsachen, die er gerne hat.
10. Mit de**m** neuen Fahrrad werde ich de**n** Cousin überraschen.

72
Der Ritt auf der Kanonenkugel
Einmal sollte Münchhausen die Erkundung einer belagerten Festung übernehmen, doch es war ihm weder zu Fuß noch zu Pferd möglich.
Er kam kein bisschen in die Nähe der türkischen Stadt, ohne gesehen zu werden.
So stellte er sich vor die größte Kanone, die in Kürze in Richtung der feindlichen Festung abgefeuert werden sollte, und sprang im Flug auf die Kanonenkugel auf.
Im Ritt auf der Kugel konnte er alles Wichtige erkunden und die Situation der belagerten Stadt gut überblicken.
Doch beim Näherkommen ins feindliche Gebiet wurde ihm plötzlich bewusst, dass ihm bei seiner Ankunft nichts Gutes widerfahren würde. Als feindlicher Spion entlarvt, würde er am Galgen baumeln.
So stand sein Entschluss fest, auf die nächste feindliche Kanonenkugel, die in Richtung seines Lagers flog, zu wechseln. Gesagt – getan! Durch das Aufspringen auf das türkische Geschoß kam Münchhausen wieder wohlbehalten und mit einigem Interessanten im heimischen Lager an.

73
Der Aufstieg zum Mond
Einmal geriet Münchhausen bei einem türkischen Sultan in Gefangenschaft. Als dessen Sklave musste er durch das Hüten der Bienen seiner Majestät dienen.
Am Morgen trieb er die Bienen auf die Weide und gegen Abend wieder zurück in ihre Stöcke.
Keine der „Honiglieferantinnen" des Sultans durfte fehlen, sonst würde dem Hüter viel Schlimmes widerfahren.
Eines Abends vermisste Münchhausen beim Abzählen aber eine Biene. Zwei Bären hatten sie angefallen und wollten sie wegen ihres Honigs in Stücke zerreißen.
Da Münchhausen nichts Waffenähnliches besaß, schleuderte er die silberne Axt des Gärtners gegen die beiden Räuber.
Die arme Biene wurde dadurch wirklich gerettet, aber durch das allzu kräftige Werfen flog die Axt in die Höhe und hörte erst zu fliegen auf, als sie im Mond stecken blieb.

Wie sollte er die Axt wohl wiederbekommen? Das Herunterholen des Wurfgeschoßes mit einer Leiter war völlig unmöglich.
Da fiel ihm ein, dass die türkischen Bohnen mit großer Geschwindigkeit wachsen und auch eine ganz erstaunliche Höhe erreichen.
Münchhausen pflanzte eine solche Bohne und im nächsten Augenblick rankten sich schon die Triebe um die Mondsichel.
Ohne viel Anstrengung kletterte Münchhausen zum Mond und fand das Verlorene.
Nun wollte er den Abstieg antreten, doch die Sonnenhitze hatte die Bohnenranke versengt und das Herabsteigen unmöglich gemacht. Was sollte er nun tun?
Das ist eine andere Geschichte, die der Lügenbaron Münchhausen aber ebenfalls auf abenteuerliche Weise meisterte.

---

74 Meine Oma ist modern

Meine Oma gab mir zu meinem Geburtstag ein Kuvert mit 50 Euro. Sie sagte: „Ich wünsche dir alles Gute zu deinem Geburtstag! Kauf dir etwas Schönes zum Anziehen!“
Glücklich über ihr sinnvolles Geschenk fuhr ich mit meiner Freundin Sandra mit der Bahn in ein großes Einkaufszentrum.
Wir wollten keine Zeit verlieren, deshalb gingen wir sofort in ein großes Bekleidungsgeschäft. Ich probierte die coolsten Klamotten und Sandra beriet mich. Sie brachte mir immer wieder tolle Sachen zum Anprobieren. Ich konnte nur schwer eine Entscheidung treffen.
Von meinem Taschengeld musste ich noch 10 Euro auf Omas Geld drauflegen, denn diese schicke braune Mütze wollte ich unbedingt zu den ausgesuchten Kleidungsstücken dazunehmen.
Noch am selben Tag zeigte ich meiner Oma stolz die gekauften Stücke: eine Hose und eine Jeansjacke im „Dustlook“, ein enges, kurzes T-Shirt und natürlich die tolle braune Mütze. Oma gratulierte mir zu dem „sicherlich günstigen Kauf“.
„Diese Hose mit den weißen Farbstreifen und diese Jacke mit den abgescheuerten Ärmeln und dieses kleine verwaschene Leiberl hast du doch sicherlich ganz günstig eingekauft!“, meinte sie freudig. Ich wusste nicht, was ich davon halten sollte. Sie zeigte auf meinen Kopf und tupfte auf meine Mütze. „Ist die neu? Ist so etwas jetzt modern oder ist da jemand ein altes Stück losgeworden?“, fragte sie mich interessiert.
Bevor ich noch antworten konnte, war sie plötzlich im Abstellraum verschwunden. Ich staunte nicht schlecht, als sie mit einer ähnlichen braunen Mütze auftauchte und freudig verkündete: „Diese Strickhaube hat dein Vater im Volksschulalter bekommen. Er hat sie gern getragen und sie hat ihm gut gepasst. Darum habe ich es nicht übers Herz gebracht, sie zur Altkleidersammlung zu geben.“
Ich wollte meine Oma nicht beleidigen, denn immerhin hatte sie mir ja 50 Euro geschenkt, aber über Mode und tolle Klamotten wollte ich mit ihr lieber nicht reden.

Personalpronomen	**Person, Zahl, Fall**	**Personalpronomen**	**Person, Zahl, Fall**
mir	1. Pers., Sg. 3. Fall	du	2. Pers., Sg. 1. Fall
sie	3. Pers., Sg. 1. Fall	er	3. Pers., Sg. 1. Fall
ich	1. Pers., Sg. 1. Fall	sie	3. Pers., Sg. 4. Fall
dir	2. Pers., Sg. 3. Fall	ihm	3. Pers., Sg. 3. Fall
wir	1. Pers., Pl. 1. Fall	es	3. Pers., Sg. 4. Fall
mich	1. Pers., Sg. 4. Fall	ihr	3. Pers., Pl. 3. Fall

75 Liebe Silke!
Danke, dass **du/Du** mir die versprochene DVD in mein Fach gelegt hast. Sobald ich den Film überspielt habe, schicke ich die DVD an **deine/Deine** Adresse. Ich hoffe, es geht **dir/Dir** gut und **du/Du** kannst **dich/Dich** über das verlängerte Wochenende gut erholen!
Liebe Grüße sendet **dir/Dir**
Maria

---

76 Sehr geehrte Frau Professor Maiwalder!
Danke, dass **Sie** mir die versprochene DVD in mein Fach gelegt haben. Sobald ich den Film überspielt habe, schicke ich die DVD an **Ihre** Adresse.
Ich hoffe, es geht **Ihnen** gut und **Sie** können **sich** über das verlängerte Wochenende gut erholen!
Liebe Grüße sendet **Ihnen**
Maria

77

1. Sie sucht **ihre** Füllfeder.
2. Ich suche **meine** Sporttasche.
3. Er sucht **sein** Turnsackerl.
4. Wir suchen **unseren** Trainer.
5. Du suchst **dein** Federpennal.
6. Ihr sucht **euren** Lehrer.
7. Es sucht **sein** Fläschchen.
8. Sie suchen **ihren** Fußball.

---

78 Superrad mit Superbremsen
Nina erwähnt stolz: „Das ist **mein** neues Fahrrad!"
Ihr Schulfreund Tom kennt sich bei Fahrrädern gut aus und möchte einmal mit **ihrem** Rad fahren.
Er hält seinen Fahradhelm bereits in der Hand und fragt: „Darf ich mir **dein** Rad einmal ausborgen und eine Probefahrt machen? Ich habe gerade **meinen** Sturzhelm dabei!"
Nina übergibt Tom **ihr** Fahrrad, vorher setzt er sich noch **seinen** Helm auf. Dann radelt er los.
Nina fürchtet um **ihr** neues Fahrrad. Sie hört nur die Reifen quietschen und die Bremsen zischen.
Doch da sieht sie Tom und **ihr** neues Rad wieder. **Ihr** Schulfreund fährt geradewegs auf sie zu, einige Zentimeter vor **ihren** Füßen bleibt er stehen. Nina schlottern die Knie.
„**Dein** Drahtesel liegt super in der Kurve!", lobt Tom. „**Dein** Fahrrad ist gut gefedert und die Schaltung ist einfach zu bedienen!", schwärmt er weiter.
„Und es hat, Gott sei Dank, Superbremsen!", unterbricht ihn Nina etwas bleich.

79

1. **Wir** finden unser Klassenbuch.
2. **Sie** findet ihre Handtasche.
3. **Er / Es** findet seine Schultasche.
4. **Du** findest deinen Schülerausweis.
5. **Er / Es** findet seine Decke.
6. **Ich** finde meine Brille.
7. **Ihr** findet euren Sitzplan.
8. **Sie** findet ihre Bücher.

80 1. Schneewittchen wohnt bei ihnen.
2. Der böse Wolf verschlingt sie.
3. Der Müllersbursch verliert ihn.
4. Die Gänsemagd hilft ihm.
5. Rumpelstilzchen will es holen.
6. Das tapfere Schneiderlein überlistet ihn.
7. Der Prinz küsst es wach.
8. Die Hexe lockt sie ins Haus.
9. Die goldene Kugel fällt ihr in den Brunnen.

Sätze mit Possessivpronomen: 3. (seinen Mühlstein) und 4. (ihrem Pferd)

---

81 Worüber ich mich ärgern kann

Wenn ich meinen Computer starte und sofort eine Fehlermeldung erhalte, weil er keinen Zugriff auf das CD-ROM-Laufwerk findet, dann werde ich ärgerlich.

Wenn mir meine Freunde in der Schule erzählen, wie toll ihr neues Computerspiel läuft, und ich meinen Computer nicht einmal starten kann, dann bin ich „sauer".

Wenn mein bester Freund zu mir kommt, meinen Computer einschaltet, seine CD-ROM einlegt und das Spiel problemlos startet, dann könnte ich aus der Haut fahren.

Wenn er dann auch noch das Autorennen gegen mich gewinnt, weil ich ja kein einziges Mal auf meinem Computer üben konnte, platze ich fast vor Wut.

Aber am ärgerlichsten ist, wenn er mir dann noch mit seinen gut gemeinten Ratschlägen kommt und meint:„Du musst deine CD-ROM schon mit der richtigen Seite nach unten einlegen, sonst verursachst du eine Störung!", dann nämlich bin ich wirklich gedemütigt. Es kostet mich dann viel Beherrschung, ihn nicht sofort verärgert anzubrüllen. „Ich bin ja kein ahnungsloser Höhlenmensch!", möchte ich schreien. „Mein Computer hat seine ganz persönliche Störung, nicht ich!"

---

82 Skateboardtrainer unerwünscht

Tobias übt im Hof mit **seinem** Skateboard. Tamara, **seine** Schwester, sitzt bequem im Schatten und gibt **ihm** gute Tipps. Das stört **ihn** sehr.

Da fährt **er** mit dem Skateboard in den nahen Park. Dort will **er** am Spielplatz ungestört **sein** Training fortsetzen.

Die kleinen Kinder in der Sandkiste lachen über **ihn**, weil er öfters hinfällt. Das mag **er** gar nicht und **er** ärgert sich über **sie**.

Ein kleiner Junge fährt mit **seinem** Dreirad zu **ihm** und flüstert freundlich: „So musst **du** treten!" Tobias ist verärgert und gibt **ihm** keine Antwort.

Tobias denkt nur: „Beim Skateboardbewerb habe **ich** den dritten Platz erreicht und jetzt wollen ein kleines Kind und **meine** unsportliche Schwester **mein** Training übernehmen! Das ist **mir** zu viel!"

---

83 1. Dieses Mädchen geht in dieselbe Klasse wie du.
2. Jene, die auf Schikurs fahren, mögen sich in der Aula versammeln.
3. Derjenige, der dieses Jahr den Sprachwettbewerb gewonnen hat, bekommt diesen Buchgutschein.
4. Solche motivierten Schüler brauchen wir bei diesem Projekt.

5. Derselbe Schüler, der unsere Tafel beschmiert hatte, beleidigte dann noch unseren Klassensprecher.
6. In der Pause spielen immer dieselben Buben im Schulhof Fußball.
7. Der war es!

---

84 **Demonstrativpronomen (Dp), Personalpronomen (Pp), Possessivpronomen (Pop), bestimmter Artikel (bA), unbestimmter Artikel (uA)**

1. Dieses (Dp) Spiel, nämlich „Activity“, habe ich (Pp) zu Weihnachten bekommen. Es (Pp) ist das (bA) Lieblingsspiel meiner (Pop) Familie.
2. Wir (Pp) folgen eurer (Pop) Einladung und kommen schon morgen zu euch (Pp).
3. Diese (Dp) Antwort ist richtig.
4. Sie (Pp) wollte mir (Pp) den (bA) Bleistift nicht borgen.
5. Wir (Pp) tauschten unsere (Pop) Adressen aus.
6. Ich (Pp) esse gerne ein (uA) Scherzerl. Es (Pp) ist das (bA) Beste vom Brot.
7. Jener (Dp) Mann hat sein (Pop) Versprechen gebrochen.
8. Sie (Pp) feierten seinen (Pop) Geburtstag in unserem (Pop) Lokal.

85

1. Diese Katze aus dem Tierheim ist ein Tier, **das** viel Liebe braucht.
2. Sie ist ein Mädchen, **das** immer im Mittelpunkt stehen will.
3. Er brachte den Einkauf, **den** ich gestern bestellt hatte.
4. Wohin hast du die Servietten gegeben, **die** ich neulich gekauft habe?
5. Benjamin verlor den Einkaufszettel, **den** ich ihm in den Korb gelegt hatte.
6. Das ist der Lehrer, bei **dem** ich die Prüfung ablegen musste.

86

1. ein Obstkuchen, **der** mit Erdbeeren belegt ist
2. das Produkt, **das** von Konsumenten getestet wurde
3. eine Schulklasse, **die** um die Wette schwimmt
4. Friederich, **der** immer zu lustigen Streichen aufgelegt ist
5. der Ball, **der** von vielen Schülern besucht wird
6. ein Kätzchen, **das** vor Angst zittert

87

Personalpronomen (Pp)	persönliches Fürwort
Possessivpronomen (Pop)	besitzanzeigendes Fürwort
Demonstrativpronomen (Dp)	hinweisendes Fürwort
Relativpronomen (Rp)	bezügliches Fürwort

---

88 Der kluge Rabe und die geschwätzige Elster
Es gibt ein Sprichwort: „Derjenige, der zu viel schwatzt, der lügt immer etwas dazu.“
Diese Geschichte wird dazu erzählt:
Der Rabe und die Elster begegneten einander im Wald. Dieselbe Elster flog um den Raben herum und schwatzte andauernd von ihrer Beute. Jener Rabe gab aber keine Antwort und schaute diese Angeberin prüfend an. Das stimmte die Elster

nachdenklich und sie fragte: „Warum schaust du mich so prüfend an? Es scheint mir, du glaubst meinen Worten nicht!“
„Das stimmt“, antwortete dieser, „ich glaube dir nicht alles. Derjenige, der zu viel schwatzt, der lügt immer etwas dazu.“
Da schämte sich der geschwätzige Vogel, denn der Rabe hatte Recht.

Es: Pp; Derjenige: Dp; ..., der: Rp; ..., der: Rp; Diese: Dp; Dieselbe: Dp; ihrer: Pop; Jener: Dp; diese: Dp; Das: Dp; sie: Pp; du: Pp; mich: Pp; Es: Pp; mir: Pp; du: Pp; meinen: Pop; Das: Dp; dieser: Dp; ich: Pp; dir: Pp; Derjenige: Dp; ..., der: Rp; ..., der: Rp

---

89 Fortschritt der Technik

Gestern war meine kleine Cousine Sophie auf Besuch bei uns. Sie wird im Mai fünf Jahre alt. Schnell huschte die Kleine in das Wohnzimmer und schaute interessiert herum. Mit ihren kleinen Händen griff sie nach allem, was sie erreichen konnte. Andauernd stellte sie Fragen und bat um etwas.
Plötzlich war sie still und zeigte verwundert auf meinen alten Plattenspieler. Mit erstauntem Gesichtsausdruck stand sie neben dem alten Gerät. „Toll, Christian“, rief sie begeistert, „so große schwarze CDs habe ich noch nie gesehen!“
Ich musste zuerst über ihre Bemerkung sehr lachen, denn wie sollte sie auch wissen, dass das ein Plattenspieler mit einer Langspielplatte war. Dann aber dachte ich an das Alter der Platte. Diese Langspielplatte war nicht älter als 20 Jahre. Als ich so alt war wie Sophie heute, war dieses „Uraltgerät“ für mich der modernste Apparat und auf der Platte war der neueste Hit.
Was wird wohl Sophie in 20 Jahren ihrer kleinen Cousine sagen, wenn diese auf eine kleine silberne Scheibe und auf den CD-Player zeigt?

90
1. Otto stellt sein Fahrrad **in den** Keller. (Wohin? **4. Fall**)
2. Sein Rad steht jetzt **im (in dem)** Keller. (Wo? **3. Fall**)
3. Simon legt das Lesebuch **auf den** Tisch. (Wohin? **4. Fall**)
4. Jetzt liegt das Buch **am (auf dem)** Tisch (Wo? **3. Fall**)
5. Katja plantscht **in der** Badewanne. (Wo? **3. Fall**)
6. Ich lege mich **auf die** Luftmatratze. (Wohin? **4. Fall**)
7. Sie geht **in den** Abstellraum. (Wohin? **4. Fall**)
8. Er fährt **an / gegen den** Masten. (Wohin? **4. Fall**)
9. Sie spielen **am (auf dem)** Rasen. (Wo? **3. Fall**)
10. Du setzt dich **auf den** Rasen. (Wohin? **4. Fall**)

91
1. Karin fährt mit ihren Inlineskates **auf** dem großen Parkplatz. **(Wo? 3. Fall)**
2. Das Haus steht mitten **im (in dem)** Park. **(Wo? 3. Fall)**
3. Das Bild hängt ganz genau **über** dem Schreibtisch. **(Wo? 3. Fall)**
4. Der Kübel steht versteckt **unter** dem Tisch. **(Wo? 3. Fall)**
5. **Auf** diesem Baum wachsen Marillen. **(Wo? 3. Fall)**
6. Er fährt **mit** der Bahn **in** die Schule. **(Womit? 3. Fall) (Wohin? 4.Fall)**
7. Der Anzug hängt **am (an dem)** großen Wandhaken. **(Wo? 3. Fall)**
8. Julian fährt **mit** dem Roller **in** den Kindergarten. **(Womit? 3. Fall) (Wohin? 4. Fall)**
9. Sie gießt die Milch **in** den Kaffee. **(Wohin? 4. Fall)**

92
1. Ich bereite das Abendessen **für** unsere**n** späten Gast.
2. Ich denke **an** meine**n** Freund Paul.
3. Ich bitte **um** etwas Geduld.
4. Ich sorge mich **um** meine**n** kranken Großvater.
5. Ich sorge **für** de**n** kleine**n** Kater.
6. Ich fürchte mich nicht **vor** de**r** nächste**n** Schularbeit.
7. Ich rieche **nach** gepresste**m** Knoblauch. Ich riche **am** gepresste**n** Knoblauch.
8. Ich bereite mich **auf** de**n** morgige**n** Musiktest vor.

93
1. Er lehnte sich **an** den Baum.
2. Dein Name steht **auf** der Liste.
3. Sie legt die Hefte **auf** den Schreibtisch.
4. Ich nehme eine Tablette **gegen** Kopfweh.
5. Sie verbringen die Ferien **am** Wörthersee.
6. Wir fahren **von** Villach nach Wien.
7. Die Ente setzte sich **an** das Seeufer.
8. Er fuhr **an/gegen** den Baum.
9. Sie reisen **von** Venedig nach Rom.

94
1. Erwin trägt den **schweren** Rucksack.
2. Er sucht ein **ruhiges** Plätzchen.
3. Bei **kaltem** Wetter geht unser Hund nicht gern spazieren.
4. Walter trägt heute einen **braune** Krawatte.
5. Sie spricht mit **vollem** Mund.
6. Es passierte bei **hellem** Mondschein.
7. In unserem Garten steht ein **alter** Kastanienbaum.
8. Bei **sonnigem** Wetter machen wir eine Wanderung.
9. Du hast mir eine **leere** Flasche gegeben.
10. Bei diesem **lauten** Krach kann ich nichts hören.

95
1. Wir wohnen in einer **kleinen (sch)** Wohnung in einer **kleinen (sch)** Stadt.
2. Ich hatte **großen (st)** Hunger, weil ich noch nichts gegessen hatte.
3. Nach **anstrengender (st)** Autofahrt konnte er sich endlich ausrasten.
4. Während dieser **langen und beschwerlichen (sch)** Reise bekam sie Heimweh.
5. In **ferner (st)** Zukunft werden mehr Autos mit Strom fahren.
6. Sie hatte einen **sonderbaren**, **unheimlichen (sch)** Fremden mitgebracht.
7. Mit **großem (st)** Geschick reparierte er meine Waschmaschine.
8. Die Bank wurde mit **grasgrüner (sch)** Farbe gestrichen.
9. Mit **leeren (st)** Taschen stand ich da.
10. Dieses Kleid ist aus **grobem (st)** Leinen gemacht.

96
3. Bei <u>kaltem</u> Wetter geht unser Hund nicht gern spazieren.
5. Sie spricht mit <u>vollem</u> Mund.
6. Es passierte bei <u>hellem</u> Mondschein.
8. Bei <u>sonnigem</u> Wetter machen wir eine Wanderung.

97
1. Er interessiert sich für Autos, besonders für die **schnellen** (Autos).
2. Sie liebt Torten, besonders die **cremigen**.
3. Mona verbrachte vier Tage in Venedig, es waren die **schönsten** ihres Lebens.
4. Sie trägt gerne Hüte, besonders die **großen**.
5. Julia trägt gerne **weite** Hosen und **große** Pullis.
6. Günter ist der **fleißigste** von meinen Schülern.
7. Ich habe alle meine Katzen gern, besonders aber mag ich die **kleinen**.
8. David sucht sich etwas **Gutes** zum Nachtisch aus.
9. Lisa verträgt nichts **Fettes**.
10. Tante Martha beschäftigt sich viel mit Kunst, besonders mit der **modernen**.
11. Onkel Alfred isst gerne Brot, besonders das **dunkle**.
12. Sie ist meine liebste Schwester, aber auch die **einzige**.
13. Opa singt gerne Volkslieder, besonders die **alten**.
14. Daniel erzählte uns viel **Interessantes** über Afrika.

98
1. Das Kind weint laut. (Wie weint das Kind? laut)
2. Der Hund knurrt sehr böse.
3. Die Bedienung fragt höflich.
4. Peter schwimmt schlecht.
5. Der Kaffee schmeckt hier sehr gut.
6. Sein Auto fährt schnell.
7. Diese Musik macht mich verrückt.
8. Die Schnecke kriecht langsam.
9. Die Schüler arbeiten konzentriert.
10. Er trinkt rasch aus.

99

Mein Freund fuhr krank nach Hause.	**adverbiell**
Der Spielfilm ist langweilig.	**prädikativ**
Die Kellnerin bediente uns freundlich.	**adverbiell**
Morgen wird das Wetter wieder schön.	**prädikativ**
Er isst noch schnell die Nachspeise.	**adverbiell**
Im Kino wird ein gruseliger Film gezeigt.	**attributtiv**
Hier ist es sehr kalt und dunkel.	**prädikativ**
Wir aßen einen köstlichen Mandelkuchen.	**attributtiv**
Freundlich winkte sie uns zu.	**adverbiell**
Die Schaffnerin war sehr freundlich.	**prädikativ**
Die neue Sommerhits-CD gibt es schon zu kaufen.	**attributtiv**

100
1. Er hat schon viel **Großartiges** geleistet. In seinem **großartigen** Vortrag hat er darüber erzählt. Er spricht **großartig** von seinen neuen Mitarbeitern.
2. Dieses **interessante** Buch habe ich schon ausgelesen und werde darüber ein **interessantes** Referat halten.
3. Sie trägt nur **echten** Schmuck. Die Diebe erwischten nichts **Echtes**.
4. Jeder freut sich, wenn er etwas **Schönes** erlebt. Wir schenkten ihr einen **schönen** Blumenstrauß. Sie kann sehr **schön** singen.
5. Sie wünschten ihm alles erdenklich **Gute**. Er lobte diesen **guten** Tropfen.

6. Man sollte auch an **kleinen** Dingen seine Freude haben. Das **Kleine** sieht man kaum.
7. Auch (etwas) **Altes** kann wertvoll sein. Sie trägt nur **alte** Kleider vom Flohmarkt.
8. Meine Kinder essen täglich **frischen** Salat. Besonders die **frische** Luft schätze ich hier.
9. Etwas **Riesiges** warf seinen Schatten auf unser Auto. Ich hatte **riesigen** Durst. Er freute sich **riesig** über unseren Besuch.
10. Sie können auch (etwas) **Buntes** mit diesem Waschmittel waschen. Das wird mir aber jetzt doch zu **bunt**. Sie strickt einen **bunten** Schal.

101

Positiv/Grundstufe	**Komparativ/Mehrstufe**	**Superlativ/Meiststufe**
großartig	großartiger	(am) großartigsten
interessant	interessanter	(am) interessantesten
echt	echter	(am) echtesten
schön	schöner	(am) schönsten
gut	besser	(am) besten
klein	kleiner	(am) kleinsten
alt	älter	(am) ältesten
frisch	frischer	(am) frischesten
riesig	riesiger	(am) riesigsten
bunt	bunter	(am) buntesten

---

102 Die Nachtigall

Der Kaiser von China wohnte in einem **p**rächtigen Schloss, das von einem **h**errlichen Park umgeben war.
In den Zweigen eines **h**ohen Baumes hatte eine Nachtigall ihr Nest.
Sie sang so **w**underbar, dass mancher, der ihr Singen hörte, die **s**chönsten Gedichte über ihren Gesang schrieb.
Eines dieser Gedichte kam einmal dem **c**hinesischen Herrscher in die Hand und er befahl diese Nachtigall zu suchen.
Man brachte ihm den Vogel. Der Kaiser hatte schon viel **G**roßartiges gehört, doch noch nie so etwas **H**errliches wie den **l**ieblichen Gesang dieser Nachtigall.
So blieb der Vogel am Hof des Kaisers und lebte in einem **g**oldenen Käfig.
Eines Tages erhielt der Kaiser eine **k**ünstliche Nachtigall, die über und über mit den teuersten Edelsteinen besetzt war. Die **k**leine Nachtigall sollte nun gemeinsam mit dem **k**ünstlichen Vogel singen, doch sie floh **h**eimlich in den Wald.
Bald danach zerbrach in der **u**nechten Nachtigall eine Feder und diese konnte nicht mehr singen.
Der Kaiser wurde sehr **k**rank und fühlte schon den Tod **n**äher kommen. Da hörte er vom Fenster her den **w**underbarsten Gesang, denn die **k**leine Nachtigall war gekommen, um ihm Trost und Hoffnung zu spenden und ihm alles **G**ute zu wünschen.
Die **g**roße Freude über den Gesang machte den **t**odkranken Kaiser **g**esund.
Wenn er abends zu Bett ging, saß die Nachtigall in den Zweigen und sang so **h**errlich, dass es dem Kaiser **f**roh und **l**eicht um sein Herz wurde.

103 Mein Rad?
Als wir gestern das Schulgebäude verließen, stand mein altes (attributiv) Rad, das ich in der Früh abgestellt hatte, nicht mehr im Fahrradständer.
„Ohne mein Fahrrad gehe ich nicht nach Hause, das ist sicher (prädikativ)!“, rief ich laut (adverbiell) und regte mich furchtbar (adverbiell) auf.
Beim weiteren (attributiv) Nachsehen stellte ich fest, dass das „verschwundene“ (attributiv) Fahrrad doch ein paar Schritte weiter (adverbiell) stand und ich das nicht bemerkt hatte.
„Das übereilte (attributiv) Aufregen schadet deiner Schönheit!“, meinte meine beste (attributiv) Freundin.
„Ich habe schon manches Eigenartige (nominal) erlebt“, meinte ich, „aber mein Rad schaut heute neuer (adverbiell) und schöner (adverbiell) aus!“
„Vielleicht liegt eine Verwechslung vor und irgendjemand radelt jetzt mit deinem alten (attributiv) Drahtesel durch die Gegend!“, meinte meine lachende (attributiv) Freundin.

104
1. Hier können Sie gratis im Internet surfen. **Wo? Wie?**
2. Jetzt ist es Zeit für eine Pause. **Wann?**
3. Einst lebte hier ein reicher Graf. **Wann? Wo?**
4. Überall liegen Glasscherben. **Wo?**
5. Dieses Spiel spiele ich gern. **Wie?**
6. Er kommt deshalb vorbei. **Warum?**
7. Die Handtücher liegen oben im Regal. **Wo?**
8. Die Angaben stimmten ziemlich überein. **Wie?**
9. Deshalb brauchst du dich nicht zu ärgern! **Warum?**
10. Ich fahre sofort weg. **Wann?**

105

Ort	**Zeit**	**Art und Weise**	**Grund**
hier	gestern	kaum	sonst
oben	dann	gern	trotzdem
da	damals	so	dadurch
innerhalb	jetzt	ziemlich	infolgedessen
rechts	spätestens	vielleicht	damit
dort	morgen	fast	folglich
vorne	augenblicklich	sehr	also
überall	oft	sicherlich	
dazwischen	immer	auch	

106
1. Eva musste heute zwei Stunden warten. **Zeit**
2. Bernd hat sich umsonst bemüht. **Art und Weise**
3. Beinahe hätte ich die Schultasche vergessen. **Art und Weise**
4. Jutta hat überall gesucht. **Ort**
5. Das Warten war nahezu endlos. **Art und Weise**
6. Hans kommt sehr gern zu dir. **Art und Weise**
7. Einmal sind wir gemeinsam im Theater gewesen. **Zeit**

8. Ich kann ihn deswegen nicht leiden. **Grund**
9. Bisher verkauften wir am Flohmarkt eine Kiste mit Büchern. **Zeit**
10. Das gefällt mir besonders. **Art und Weise**
11. Das hätte ich genauso gemacht. **Art und Weise**
12. Das Buch liegt darunter. **Ort**

107

1. Kerstin sollte in Deutsch ein Jugendbuch lesen, **aber** sie liest lieber Comics.
2. Robin verkauft sein Skateboard, **denn** er will sich ein neues kaufen.
3. Anna **und** Corina helfen beim Organisieren des Schulfestes mit.
4. Der Künstler freute sich, **dass** so viele Besucher gekommen waren.
5. Es war schon spät, **als** wir von der Party nach Hause kamen.
6. Magst du lieber Kaffee **oder** Tee zum Frühstück?

108

1. Eva geht drei Mal in der Woche reiten **und** zwei Mal in der Woche schwimmen.
2. Ich besuche gerne Tante Hilde, **weil** sie köstlichen Apfelstrudel macht.
3. Gehst du mit ins Kino **(,) oder** bleibst du zu Hause?
4. Ich liebe Fisch, **aber** ich koche ihn nicht gerne.
5. Daniela hat verschlafen, **weil** ihr Wecker nicht geläutet hat.
6. Kommst du morgen **(,) oder** wirst du uns erst nächste Woche besuchen?
7. Andrea gewann den Wettkampf **und** erreichte auch beim Turnier den ersten Platz.
8. Erich kam erst, **als** alles schon vorbei war.
9. Meine Schwester fährt nach Griechenland **(,) oder** sie verbringt die Ferien wieder in Italien.
10. Meine Mutter meint, **dass** ich sorgfältiger arbeiten sollte.

109

1. Ich hoffe, **dass** alle Klassenkollegen in die 3. Klasse aufsteigen können.
2. Er meint, **dass** heute der Nachmittagsunterricht entfällt.
3. **Das** Mittagessen, **das** ich für dich gekocht habe, steht am Herd.
4. Glaubst du auch, **dass** die Deutschschularbeit verschoben wird?
5. Er lernt bereits **das** Gedicht, **das** wir bis übermorgen können müssen.
6. Es ist ein Wunder, **dass** nicht mehr passiert ist.
7. Gestern fand **das** Treffen, **das** wir schon lange geplant hatten, statt.
8. Ist es möglich, **dass** wir schon bald **das** Ziel erreicht haben?
9. Sie versteht nicht, **dass** du **das** gemacht hast.
10. **Das** blaue Kleid, **das** du gestern getragen hast, steht dir gut.

110

1. Ich (Personalpronomen) schenke (Verb) meiner (Possessivpronomen) Großmutter (Nomen) zum (Präposition) Geburtstag (Nomen) einen (Artikel) herrlichen (Adjektiv) Blumenstrauß (Nomen).
2. Der (Artikel) fleißige (Adjektiv) Schüler (Nomen) wiederholt (Verb) täglich (Adverb) die (Artikel) Vokabeln (Nomen).
3. Später (Adverb) besuchte (Verb) uns (Persnalpronomen) meine (Possessiv-pronomen) Freundin (Nomen) mit (Präposition) dem (Artikel) neuen (Adjektiv) Fahrrad (Nomen).

4. Nach (Präposition) der (Artikel) Schularbeit (Nomen) verglichen (Verb) wir (Personalpronomen) diese (Demonstrativpronomen) Beispiele (Nomen) miteinander (Adverb).
5. Er (Personalpronomen) und (Konjunktion) ich (Personalpronomen) bekamen (Verb) zur (Präposition) Belohnung (Nomen) eine (Artikel) riesige (Adjektiv) Portion (Nomen) Eis (Nomen).
6. Letzte (Adjektiv) Woche (Nomen) hat (Hilfsverb) unsere (Possessivpronomen) Mannschaft (Nomen) gegen (Präposition) die (Artikel) Vorjahressieger (Nomen) gewonnen (Verb).

111

ein	unbestimmter Artikel	waren	Verb, Präteritum
hatte	Hilfsverb (Präteritum)	ganz	Adverb
neue	Adjektiv	tat	Verb, Präteritum
verloren	Verb, 2.Partizip	nach	Präposition
vermutete	Verb, Präteritum	später	Adverb
dass	Konjunktion	der	bestimmter Artikel, m.
des	bestimmter Artikel	zufälligerweise	Adverb
sie	Personalpronomen	unter	Präposition
ihm	Personalpronomen	am	Präposition
er	Personalpronomen	nächsten	Adjektiv, Meiststufe
sehr	Adverb	sein	Possesivpronomen
genau	Adjektiv	die	best. Artikel, Mehrzahl
und	Konjunktion	Axtdiebes	Nomen, männlich

---

112 **Nomen:** Herrscher, Diener, Sache, Welt, Markt, Tasche, Gegenstand, Vorschein, Edelsteine, Perlen, Kostbarkeiten, Ochsenzunge, Erden, Zunge, Mütter, Kinder, Könige, Recht, Weise, Wissen, Gläubige, Gott, Menschen, Freunde, Jahrhunderten, Krieg, Leid

Pronomen: seinem, ihm, es, er, seine, mein, die, (man), ihr/ihre, sie, (sich), seinen, ihn

Adjektiv: beste, schlechteste, lange, kleinen, leichten, teure, beste (gut), großes, klugen, reichlich[1]

Adverb: immer, wieder, sehr

Verb: befahl, bringen/bringt, dauerte, kam zurück (zurückkommen), verhüllt, trug, öffnete, kamen, sieh, finden, kann, ist, begann, trösten, sprechen, geben weiter, preisen, stimmt, sprach, sagte, kränken, verfluchen, dient, lügen[2], betrügen[2], erwiderte, freute, belohnte

Präposition: zu, vom, in, vor, zum, auf, mit, damit, seit, unter, über

Konjunktion: und, weder – noch, oder, sondern, aber

Artikel: ein, die, der, einen, dem, eine

[1] Dieses Adjektiv wurde im Text adverbiell verwendet.

[2] Diese beiden Verben wurden im Text nominal verwendet.

113
1. Die Wörter hast, bist, wirst sind Hilfsverben. **richtig**
2. Nach dem Dativ fragst du mit WEM. **richtig**
3. Das Partizip nennt man auch Zeitwort. **falsch**
   richtig: Das Partizip nennt man auch Mittelwort.
4. Die Wörter können, sollen, dürfen gehören zu den Modalverben. **richtig**
5. Nach dem Nominativ fragst du mit WELCHE. **falsch**
   richtig: Nach dem Nominativ fragst du mit WER oder WAS.
6. Personalpronomen nennt man auch persönliche Fürwörter. **richtig**
7. Die Wörter und, oder, weil sind Präpositionen. **falsch**
   richtig: Die Wörter und, oder, weil sind Konjunktionen.
8. Perfekt, Plusquamperfekt und Futur sind mehrteilige Zeitformen. **richtig**
9. Zum Infinitiv kann man auch Mittelwort sagen. **falsch**
   richtig: Zum Infinitiv kann man auch Nennform sagen.
10. Es gibt stark und schwach gebeugte Verben. **richtig**
11. Nach dem Akkusativ fragst du mit WER oder WAS. **falsch**
    richtig: Nach dem Akkusativ fragst du mit WEN oder WAS.
12. Das Adjektiv nennt man auch Eigenschaftswort. **richtig**
13. Der Superlativ ist die 3. Steigerungsstufe. **richtig**
14. Umstandswörter werden auch Adverbien genannt. **richtig**

114
1. Perfekt
2. Passiv
3. Das = Artikel, Schönste = nominal gebraucht
4. Vom (= von dem) Präposition + Artikel, Gehen (nominal gebraucht)
5. Artikel, Demonstrativpronomen, Possessivpronomen
6. Perfekt
7. Alles = Zahlwort, Gute (nominal gebraucht)
8. Beim (= bei dem) Präposition + Artikel, Spazierengehen (nominal gebraucht)
9. Präteritum
10. Wie? Wo? Wann? Warum?

115
1. Die ersten Schüler kommen eine halbe Stunde vor Unterrichtsbeginn zur Schule. (4)
   Eine halbe Stunde vor Unterrichtsbeginn kommen die ersten Schüler zur Schule.
   Zur Schule kommen die ersten Schüler eine halbe Stunde vor Unterrichtsbeginn.
   Die ersten Schüler kommen zur Schule eine halbe Stunde vor Unterrichtsbeginn.
2. Die meisten Schüler fahren mit der Bahn zur Schule. (4)
   Mit der Bahn fahren die meisten Schüler zur Schule.
   Zur Schule fahren die meisten Schüler mit der Bahn.
   Die meisten Schüler fahren zur Schule mit der Bahn.
3. Einige kommen mit dem Fahrrad. (3)
   Mit dem Fahrrad kommen einige.
4. Beim Läuten laufen die Schüler in ihre Klassenräume. (4)
   In ihre Klassenräume laufen die Schüler beim Läuten.

Die Schüler laufen in ihre Klassenräume beim Läuten.
Die Schüler laufen beim Läuten in ihre Klassenräume.

5. Einige Oberstufenschüler sind mit dem eigenen Auto zur Schule gefahren. (4)
Mit dem eigenen Auto sind einige Oberstufenschüler zur Schule gefahren.
Zur Schule sind einige Oberstufenschüler mit dem eigenen Auto gefahren.
Einige Oberstufenschüler sind zur Schule mit dem eigenen Auto gefahren.

116

1. Die Unterrichtsmaterialien (sollten) dann auf dem Tisch (liegen). (4)
Verbklammer
2. Gleich (wird) der Lehrer das Klassenzimmer (betreten). (4)
Verbklammer
3. Zuspätkommende (werden) ins Klassenbuch (eingetragen). (3)
Verbklammer

117

1. **Die Unterrichtsmaterialien (S)** sollten (Verbklammer) dann auf dem Tisch liegen (P).
2. Gleich wird (Verbklammer) **der Lehrer (S)** das Klassenzimmer betreten (P).
3. **Zuspätkommende (S)** werden (Verbklammer) ins Klassenbuch eingetragen (P).

118

1. Der Schulwart wird gleich das Schultor aufsperren. Hilfsverb + Verb, Verbklammer B
2. Die Schüler dürfen schon in die Pausenhalle gehen. Modalverb + Verb, Verbklammer C
3. Dort müssen sie bis halb acht Uhr warten. Modalverb + Verb, Verbklammer C
4. Viele Lehrerinnen kommen mit dem Auto an. Verb + Zusatz, Verbklammer A
5. Beim ersten Läuten dürfen die Schüler ihre Klassenräume betreten. Modalverb + Verb, Verbklammer C
6. Einige Schülerinnen stellen sich beim Kopierer an. Verb + Zusatz, Verbklammer A
7. Schüler der 1. Klasse holen gerne ihre Lehrer vom Lehrerzimmer ab. Verb + Zusatz, Verbklammer A
8. In einigen Klassen wird noch die Tafel gelöscht. Hilfsverb + Verb, Verbklammer B
9. In manchen Klassen schreiben die Klassenordner Stundenplanänderungen auf. Verb + Zusatz, Verbklammer A
10. Bücher werden aus den Fächern geholt. Hilfsverb + Verb, Verbklammer B
11. Eine Schülerin sammelt die Hausübungshefte ein. Verb + Zusatz, Verbklammer A
12. In drei Minuten wird es läuten. Hilfsverb + Verb, Verbklammer B

119

1. Die Krankenschwester verabreicht dem Patienten die Medizin. (O3, O4)
2. Der Waldarbeiter sägt den Baum um. (O4)
3. Die Müllabfuhr holt die Mülltonnen ab. (O4)
4. Der Hauswart kehrt den Hof. (O4)
5. Die Kassierin wechselt dem Kunden den Geldschein in Münzen um. (O3, O4)
6. Der Briefträger bringt mir den Brief. (O3, O4)
7. Die Kellnerin serviert dem Gast einen gebratenen Fisch. (O3, O4)

8. Der Fleischhauer schneidet den Schinken auf. (O4)
9. Der Maurer baut einen Turm. (O4)
10. Die Ärztin gibt dem Patienten eine Spritze. (O3, O4)
11. Der Gärtner mäht den Rasen und gießt die Pflanzen. (O4, O4)
12. Die Lehrerin erklärt dem Schüler den Rechenvorgang. (O3, O4)

120
1. Dem Bäcker verbrennen die Semmeln im Backofen.
2. Dem Ober rutscht die Serviertasse vom Arm.
3. Der Köchin misslingt die Soße.
4. Dem Müllmann fällt die Biotonne um.
5. Der Gärtnerin verdorren die Rosen.
6. Dem Kaufmann verdirbt die Ware.
7. Dem Konditor schmilzt das Eis.
8. Der Bäuerin entkommen einige Hühner.
9. Dem Schauspieler fällt der Text nicht ein.
10. Dem Schaffner fährt der Zug davon.

121
1. Der Mechaniker repariert das Auto. (O4 = Gegenstand)
2. Der Uhrmacher verkauft der Kundin eine teure Armbanduhr. (O3 = Lebewesen, O4 = Gegenstand)
3. Der Friseur färbt dem Mädchen die Haare. (O3 = Lebewesen, O4 = „Gegenstand“)
4. Der Kellner serviert uns kalte Getränke. (O3 = Lebewesen, O4 = Gegenstand)
5. Der Pfleger hilft dem Kranken beim Aufsetzen.(O3 = Lebewesen)
6. Die Krankenschwester misst dem Patienten Fieber. (O3 = Lebewesen, O4 = Gegenstand/Sache)
7. Die Gemüseverkäuferin wiegt den Karfiol ab. (O4 = Gegenstand)
8. Der Installateur montiert einen neuen Wasserhahn. (O4 = Gegenstand)
9. Die Lehrerin korrigiert die Schularbeiten. (O4 = Gegenstand)
10. Der Pfarrer besucht die Kranken im Spital. (O4 = kein Gegenstand)

122
1. Am Allerseelentag gedenken wir der Toten.
2. Bei der Abstimmung enthielt sich der Großteil der Stimme.
3. Er beschuldigte die Männer des Diebstahls.
4. Die Erdbebenopfer bedürfen der finanziellen Unterstützung.
5. Zur besseren Sicht bedienen wir uns des Fernglases.
6. Der Wettkämpfer rühmt sich seines großartigen Sieges.
7. Die Kinder entledigten sich der Kleidung und sprangen ins Wasser.
8. Sie besinnt sich eines Besseren.
9. Er erbarmt sich des Kranken.
10. Sie nimmt sich des Kätzchens an.

123
1. Dieses Insekt ist eine Hornisse.
2. Kurt ist ein schneller Läufer.
3. Eine ausgezeichnete Schwimmerin ist Angelika.
4. Dieses Getränk ist ein Apfelmost.
5. Dieser kleine „Wurm“ ist angeblich eine giftige Schlange.

6. Frau Brunner ist eine gerechte Lehrerin.
7. Monika ist meine beste Freundin.
8. Trixi ist unser Dackel und Hera (ist) unser Jagdhund.
9. Dieses Gericht ist eine „Kalorienbombe".
10. Dieses Orange ist (die) neue Modefarbe.

---

124 **Zeitergänzung:** spät am Abend, am Morgen, nach Ostern, eines Morgens, zwei Tage
Artergänzung: wie ein Bär, sorgfältig, unverrichteter Dinge, eilig, ohne Pause
Ortsergänzung: im Flussbett, nach Tirol, in den Schulhof, ins Grüne
Begründungsergänzung: aus diesem Grund, wegen des starken Regens, vor Erschöpfung

---

125
1. Karin wartet seit einer Stunde auf die Bahn. **Wie lange? ZE**
2. Aus Langeweile haben sie diese Bank beschädigt. **Warum? BE**
3. Wir sind noch zwei Kilometer von unserem Ziel entfernt. **Wie weit? OE**
4. Er fährt jeden Tag mit dem Rad nach Hause. **Wann? ZE, Wohin? OE**
5. Dieses Beispiel können die Schüler problemlos lösen. **Wie? AE**
6. Im Sommer fahren wir nach Italien. **Wann? ZE, Wohin? OE**
7. Das Baby schreit vor Hunger. **Warum? BE**
8. Die neue Haushälterin bügelt sorgfältig. **Wie? AE**
9. Das Theaterstück dauert eineinhalb Stunden. **Wie lange? ZE**
10. Wir müssen deswegen das Gedicht lernen. **Warum? BE**

---

126 Als mein Großvater ins Gymnasium kam

Mein Großvater stammt aus einem kleinen Dorf im Weinviertel (Woher? OE). Er lernte in der Volksschule (Wo? OE) sehr gut (Wie? AE), und die Lehrerin riet seinen Eltern ihn ins Gymnasium (Wohin? OE) zu schicken.

Knapp vor Schulschluss (Wann? ZE) machte sich mein Großvater mit seinem Vater in die nächste Stadt (Wohin? OE) auf. Er sollte im Gymnasium (Wo? OE) die Aufnahmsprüfung machen.

Ängstlich (Wie? AE) saß er unter all den Stadtkindern (Wo? OE). Ein älterer Professor diktierte den Kindern eine Geschichte.

Für meinen Großvater war die überaus deutliche Aussprache des Lehrers sehr ungewohnt (Wie? AE). Einige Wörter konnte er wegen seiner Unwissenheit um deren Bedeutung (Warum? BE) nicht aufschreiben. Deswegen (Warum? BE) wusste er mit dem Wort „Pfirsich" nichts anzufangen.

Erst im Laufe der Ansage (Wann? ZE) wurde ihm bewusst, dass damit nur diese Frucht gemeint sein konnte, zu der sie zu Hause (Wo? OE) „Pferscher" sagten.

Eilig (Wie? AE) besserte er beim Durchlesen (Wann? ZE) die Fehler aus und kam sich richtig dumm (Wie? AE) vor.

Mein Großvater bestand damals (Wann? ZE) die Aufnahmsprüfung. Das Gymnasium schloss er erfolgreich (Wie? AE) ab und studierte danach (Wann? ZE) noch vier Jahre lang (Wie lange? ZE) Tiermedizin.

Er wurde ein erfolgreicher und tüchtiger Tierarzt.

127
1. Der Unterricht beginnt um 7.45 Uhr und endet um 13.20 Uhr. **Wann? ZE**
2. Das Nachmittagsturnen findet von 15 bis 16.30 Uhr am Sportplatz statt. **Wann? ZE; Wo? OE**
3. Technisches Werken findet am Mittwoch im Werksaal statt. **Wann? ZE; Wo? OE**
4. Wir fahren in der letzten Schulwoche ins Palmenhaus nach Wien. **Wann? ZE; Wohin? OE; Wohin? OE;**
5. Wegen Feueralarms versammeln wir uns im Schulhof. **Warum? BE; Wo? OE**
6. Wenn jemand mit dem Schreiben früher fertig ist, muss er sich ruhig verhalten. **Wann? ZE; Wie? AE**
7. Ich lief schnell zum Buffet und kaufte mir ein Hotdog. **Wie? AE; Wohin? OE**
8. In der Garderobe habe ich gestern meinen Schülerausweis liegen gelassen. **Wo? OE; Wann? ZE**

128
1. Petra bespricht ihre Hausübung mit ihrer Nachhilfelehrerin. **Mit wem?**
2. Martin berichtet über den Unfall. **Über was? / Worüber?**
3. Dagmar bedankt sich beim Finder ihres Schülerausweises. **Bei wem?**
4. Christopher lacht über die witzige Antwort des Lehrers. **Über was? / Worüber?**
5. Sabine achtet genau auf die vorgegebene Zeit. **Auf was? / Worauf?**
6. Karsten wartet auf seinen Schulfreund Dominik. **Auf wen?**
7. Manuela fürchtet sich vor dem morgigen Test. **Vor was? / Wovor?**
8. Thomas sucht nach einer Lösung. **Nach was? / Wonach?**
9. Katharina freut sich über ihren Einser in Deutsch. **Über was? / Worüber?**
10. Julian bereitet sich auf die nächste Schularbeit vor. **Auf wen? / Worauf?**

129
1. Andreas wartet auf den Schulbus. **Auf wen? / Worauf? PO**
2. Daniel sitzt im Schulbus. **Wo? OE**
3. Wir reden gerade über dich. **Über wen? / Worüber? PO**
4. Dein großer Einsatz wurde von allen gelobt. **Von wem? PO**
5. Die Lehrer lachten über die lustige Schüleraufführung. **Über was? / Worüber? PO**
6. Paula fährt mit der Schule nach Graz. **Mit wem? PO ; Wohin? OE**
7. Nach Mitternacht gehe ich nicht mehr auf die Straße. **Wann? ZE; Wohin? OE**
8. Vor lauter Aufregung fiel mir der Text nicht mehr ein. **Warum? BE**
9. Die Eltern kommen zum Elternabend in die Schule. **Zu wem? / Wozu? PO; Wohin? OE**
10. Der Direktor bittet um Ruhe. **Um was? / Worum? PO**
11. Der Lehrer bittet um ein neues Kreidenstück. **Um was? / Worum? PO**
12. Nach den Chemieunterricht roch es im Saal nach etwas Verfaultem. **Wann? ZE; Wo? OE; Nach was? / Wonach? PO**

130
... Knapp vor Schulschluss machte sich mein Großvater mit seinem Vater **(Mit wem?)** in die nächste Stadt auf. ...
... Für meinen Großvater **(Für wen?)** war die überaus deutliche Aussprache des Lehrers sehr ungewohnt. ...
... Deswegen wusste er mit dem Wort „Pfirsich" **(Mit wem? Womit?)** nichts anzufangen.

131 Am Schulschluss freuen sich die Schüler schon auf die großen Ferien.
Viele denken aber schon früher an die Urlaubszeit und hören mit dem Lernen zu früh auf. Sie ärgern sich dann über ihr schlechtes Zeugnis und müssen in den Ferien für eine Nachprüfung lernen.
Man sollte aber über die Konsequenzen seiner Nachlässigkeit schon früher nachdenken, bevor es für einen positiven Abschluss des Schuljahres zu spät ist.

132
1. Wir müssen den Wandertag wegen des schlechten Wetters verschieben. **O4, BE**
2. Er ärgert sich über das schlechte Ergebnis. **PO**
3. Aus diesem Grund trafen sich gestern beide Parteien in Wien. **BE, ZE, OE**
4. Günter schenkte seinem Bruder ein Mountainbike zum Geburtstag. **O3, O4, PO**
5. Zu Ostern suchen wir im Garten nach Ostereiern. **ZE, OE, PO**
6. Dem Gast wurde das schönste Zimmer zugesagt. **O3**
7. Bald werden wir hier fröhlich spazieren gehen können. **ZE, OE, AE**
8. Langsam schließt sich über uns die Kuppel der Sternwarte. **AE, OE**
9. Auf den Wiesen blühen seit dieser Woche die ersten Frühlingsblumen. **OE, ZE**
10. Sie freuen sich sehr über den neuen Fußball. **AE, PO**
11. Er begegnete den Wanderern zuletzt bei dieser Weggabelung. **O3, ZE, OE**

133
1. **Am Markt** (Wo?) kaufte (Was wird ausgesagt?) ich **(Wer oder was?) die Zutaten** (Wen oder was? für den Auflauf (Für wen? Wofür?).
2. **Vorige Woche** (Wann?) verabschiedeten **(Was wird ausgesagt?)** wir **(Wer oder was?) den Austauschschüler** (Wen oder was?).
3. **Gewissenhaft** (Wie?) **ordnete (Was wird ausgesagt?)** Marion **(Wer oder was?)** die Arbeitsblätter **(Wen oder was?) in ihre Biomappe** (Wohin?).
4. **Wegen des Feiertages** (Warum?) ist **(Was wird ausgesagt?)** der Schalter **(Wer oder was?) von 12 bis 15 Uhr** (Wann?) geschlossen **(Was wird ausgesagt?)**.
5. **Über die Fußballdress** (Über was? Worüber?) freut sich **(Was wird ausgesagt?) Peter** (Wer oder was?) ganz besonders **(Wie?)**.

134
1. S Subjekt (im 1. Fall, Nominativ)
2. AE Artergänzung
3. P Prädikat
4. BE Begründungsergänzung
5. OE Ortsergänzung
6. O3 Objekt im 3. Fall (Dativobjekt)
7. O2 Objekt im 2. Fall (Genitivobjekt)
8. ZE Zeitergänzung
9. OE Ortsergänzung
10. O4 Objekt im 4. Fall (Akkusativobjekt)
11. ZE Zeitergänzung
12. BE Begründungsergänzung
13. OE Ortsergänzung
14. AE Artergänzung
15. OE Ortsergänzung
16. ZE Zeitergänzung
17. BE Begründungsergänzung

135

Wann?	am Vormittag
Wo?	im 2. Stock
Wie?	sehr langsam
Warum?	aus Übermut
Wer oder was?	der Autofahrer
Wem?	dem Wanderer
Wen oder was?	den Brief
Was wird ausgesagt?	trinken
Worüber?	über die Ruhe

136 1. Wir kaufen köstliche Eiscreme.
2. Am Abend schauten wir uns einen spannenden Film an.
3. Florian schleppte den schweren Koffer herauf.
4. Der Chef trägt einen Anzug aus indischer Seide.
5. Die Stimme des Direktors war nicht zu überhören.
6. In der Vase sind Blumen aus Plastik.
7. An der Ferse hat dieser schwarze Socken ein riesiges Loch.
8. Im Radio höre ich Musik zum Träumen.
9. Ein Mann mit Mantel und Hut steht vor der Tür.
10. In eine Kanne aus Plastik darfst du kein heißes Öl einfüllen.

---

137 1. Wir kaufen uns köstliche Eiscreme.
2. Am Abend schauten wir uns einen spannenden Film an.
3. Florian schleppte den schweren Koffer herauf.
4. Der Chef trägt einen Anzug aus indischer Seide.
5. Die Stimme des Direktors war nicht zu überhören.
6. In der Vase sind Blumen aus Plastik.
7. An der Ferse hat dieser schwarze Socken ein riesiges Loch.
8. Im Radio höre ich Musik zum Träumen.
9. Ein Mann mit Mantel und Hut steht vor der Tür.
10. In eine Kanne aus Plastik darfst du kein heißes Öl einfüllen.

---

138 das Auto der Mutter
der Schlüssel des Hausmeisters
der Gehstock des Großvaters
der Tormann der Gegner
die Haare des Hundes
der Korb der Katze
das Fahrrad meines Freundes
das Einkommen des Vaters

---

139 der Gehstock des Großvaters = Großvaters Gehstock
das Einkommen des Vaters = Vaters Einkommen
der Aktenkoffer von Professor Schluss = Professor Schluss' Aktenkoffer
das Tuch der Großmutter = Großmutters Tuch
das Fläschchen des Babys = Babys Fläschchen
die Mütze von Felix = Felix' Mütze
das Nest des Storches = des Storches Nest
das Heft von Nils = Nils' Heft
die Mappe von Franz und Julius = Franz' und Julius' Mappe

---

140 1. Die Lehrerin hat die Schularbeiten der 2 A noch nicht verbessert.
2. Die Stickerei dieser Tischdecke ist sehr kunstvoll.
3. Das Geschrei der Kinder stört ihn.

141 Der Storch, ein Glücksbringer

Der Storch ist ein großer Wandervogel.
Beim Einbruch der kalten und regnerischen Jahreszeit macht er sich von uns in den Süden auf. Er fliegt bis nach Afrika.
Störche benutzen immer wieder die gleichen Nester, doch die Menschen sind maßgeblich an der Wahl für den Ort des Nestbaus beteiligt.
Körbe aus Weidenästen werden auf hohe Türme oder Hausgiebel gesetzt und Störche nehmen diese gerne als ihre Nester an.
Dieser Brauch des Korbnestbaues hat seine Wurzeln in alten Legenden, in denen der Storch als Glücksbringer für Kindersegen gesehen wurde.

Wenn du die Attribute weglässt, stimmt der Text grammatikalisch, das heißt, er ist nicht falsch. Du kannst ihn lesen, ohne dass etwas fehlerhaft klingt. Aber wesentliche Informationen über den Storch fehlen, und daher ist die Geschichte inhaltlich fehlerhaft!

142

Adjektiv	die sportlichen Buben
Partizip	eine gelungene Überraschung, der springende Punkt
Pronomen	eure Schuhe
Zahlwort	die zwei Kinder
Nomen im Genitiv	das Fell des Tigers
Nomen im Präpositionalfall	Freude über die Nachricht
Adverb	der Spalt hier

143

1. Ergänzungsfrage
2. Entscheidungsfrage
3. Aufforderungssatz
4. Aussagesatz
5. Entscheidungsfrage
6. Aussagesatz
7. Ergänzungsfrage
8. Aussagesatz
9. Aufforderungssatz
10. Aufforderungssatz

144

1. Meine Verwandten leben in Kanada (,) **und** ich werde sie in den großen Ferien besuchen. **HS + HS**
2. Ich freue mich sehr, **wenn** du auch mitkommst. **HS + GS**
3. **Während** wir schliefen, versteckte der Hund unsere Schuhe. **GS + HS**
4. **Bevor** ich gehe, wasche ich noch das Geschirr ab. **GS + HS**
5. **Nachdem** er gegessen hatte, legte er sich auf die gemütliche Ofenbank. **GS + HS**
6. Die Vögel zwitschern (,) **und** die Kröten quaken. **HS + HS**
7. Ich fahre morgen nach Hause (,) **oder** ich bleibe noch bis Freitag. **HS + HS**
8. **Da** er kein Geld bei sich hatte, konnte er uns kein Eis kaufen. **GS + HS**
9. Der Lehrer prüft heute das Gedicht, **weil** dazu gestern keine Zeit gewesen ist. **HS + GS**
10. Wir fahren in der Nacht weg, **denn** wir wollen nicht in den Stau kommen. **HS + HS**
11. Ich weiß, **dass** kein Nachmittagsturnen stattfindet. **HS + GS**
12. Er isst gerne Fisch, **aber** er mag auch Fleisch. **HS + HS**

145 Mutzi und Lumpi

Mutzi ist unsere Katze, Lumpi ist unser Hund. Lumpi und Mutzi kommen gut miteinander aus, weil sie sich von klein auf kennen.

Es gibt Tage, da spielen Lumpi und Mutzi vergnügt miteinander und raufen im Spaß. Lumpi ist ein fauler Dackel und Mutzi eine bequeme Tigerkatze. Obwohl jeder einer anderen Tiergattung angehört, haben sie eine gemeinsame Lieblingsbeschäftigung. Die beiden verbringen nämlich ihren Tag im Allgemeinen sehr ruhig und liegen faul in der Wohnung herum.

Wenn es aber etwas zu fressen gibt, dann laufen sie blitzschnell zu ihren Futterschüsseln.

Mutzi kennt beim Fressen keinen Spaß, weil Fressen ihre zweite Lieblingsbeschäftigung ist. Sollte Lumpi ihrem Futter zu nahe kommen, dann faucht sie ihn wild an. Ist aber Mutzi neugierig und will Lumpis Schüssel untersuchen, dann fletscht auch er die Zähne und knurrt sie an.

Obwohl die beiden viel gemeinsam haben, wollen sie doch nicht alles miteinander teilen.

146

1. Jeden Tag gehen sie eine Stunde im Park oder in der Au spazieren. **Ausschließung**
2. Ich gehe zu Fuß, obwohl mir meine Ferse wehtut. **Gegengrund**
3. Gabi kauft sich ein neues Kleid, weil sie auf eine Hochzeit eingeladen ist. **Begründung**
4. Pia sitzt gemütlich im Wohnzimmer und spielt Karten **(Reihung)**, obwohl **(Gegengrund)** Karl schon auf sie wartet.
5. Obwohl ich wenig Zeit habe, werde ich dich morgen besuchen. **Gegengrund**
6. Da es seit Wochen nicht geregnet hat, verdorren die Pflanzen am Feld. **Begründung**
7. Er wird pünktlich kommen, denn die Bahn hat keine Verspätung. **Begründung**
8. Gestern kochten wir zusammen und wuschen auch gemeinsam das Geschirr ab. **Reihung**
9. Ich brauche keine neuen Sommerschuhe, sondern eine neue Jacke für den Sommer. **Entgegenstellung**
10. Ich schaue mir gerne Horrorfilme an, obwohl ich sehr ängstlich bin. **Gegengrund**

147

1. Ich möchte keinen Kuchen, weil ich auf Diät bin. **Begründung**
2. Obwohl wir zwei Plätze bezahlt haben, ist nur einer frei. **Gegengrund**
3. Er wird, obwohl er wenig Zeit hat, kurz mit uns reden. **Gegengrund**
4. Ich kaufe keine Zwetschken, denn ich pflücke sie von unserem Baum. **Entgegenstellung**
5. Da (Weil) er krank ist, entfällt die letzte Stunde. **Begründung**
6. Er spielt täglich Fußball (,) und er trainiert auch täglich Handball. **Reihung**
7. Ich gehe gerne ins Kino, doch (aber) ich habe leider wenig Gelegenheit. **Entgegenstellung**

148 Wir wollten eigentlich spazieren gehen. Aber **daraus** wurde nichts, denn es begann zu regnen. **So** blieben wir zu Hause. **Dort** machten wir einen lustigen Spielenachmittag.

Herbert hatte für den Abend **folgenden** Vorschlag: Wir sollten uns eine DVD ausborgen und ein Heimkino machen. **Das** gefiel uns allen.

149
1. Das Fahrrad meiner Schwester (S) / steht (P) / im Fahrradständer vor der Schule (OE).
2. Dieses Kreuzworträtsel (O4) / kann (P) / ich (S) / schwer (AE) / lösen (P). **(Verbklammer: kann – lösen)**
3. Ernst (S) / schenkte (P) / mir (O3) / ein tolles Abenteuerspiel für meinen PC (O4).
4. Am Nachmittag (ZE) / besuchen (P) / mich (O4) / meine Schulfreunde (S) / zu Hause (OE).
5. Rafael (S) / borgt (P) / seiner Schwester (O3) / sein neues Skateboard (O4) / nicht sehr gern (AE).
6. Daniel (S) / freut sich (P) / über die gute Nachricht (PO).
7. Iris (S) / verbringt (P) / ihre Ferien (O4) / bei ihren Bekannten in Italien (OE).
8. Roman (S) / möchte (P) / in der großen Pause (ZE) / im Schulhof (OE) / Fußball (O4) / spielen (P). **(Verbklammer: möchte – spielen)**
9. Langsam (AE) / fährt (P) / der Zug (S) / in den Bahnhof (OE) / ein (P). **(Verbklammer: fährt – ein)**
10. Manfred (S) / ist (P) / auf sein Geburtstagsgeschenk (PO) / neugierig (P). **(Verbklammer: ist – neugierig)**
11. Heidi (S) / trägt (P) / am liebsten (AE) / Jeans und T-Shirt (O4).
12. Michael (S) / schaut (P) / andauernd (ZE) / auf seine neue Armbanduhr (OE).
13. Im August (ZE) / werde (P) / ich (S) / mit Freunden (PO) / auf ein Ferienlager ins Waldviertel (OE) / fahren (P). **(Verbklammer: werde – fahren)**
14. Mein kleiner Bruder (S) / sammelt (P) / Briefmarken aus aller Welt (O4).
15. Bald (ZE) / werde (P) / ich (S) / in die 3. Klasse (OE) / gehen (P). **(Verbklammer: werde – gehen)**
16. Aus diesem Grund (BE) / freue (P) / ich (S) / mich (P) / auf das nächste Schuljahr (PO).

---

150 Der Hase und die Schildkröte

Der Hase (S) neckte (P) die langsame Schildkröte (O4) und forderte (P) sie (O4) zum Wettlauf (Wozu? PO) heraus (P). **= HS + HS** (Verbklammer: forderte – heraus)
Die Schildkröte (S) willigte ein (P). **= HS** Der Fuchs (S) half (P) ihnen (O3) beim Abstecken der Strecke (Wobei? PO). **= HS**
Er (S) gab (P) das Startzeichen (O4). **= HS** Bald (ZE) lag (P) die Schildkröte (S) deutlich (AE) zurück (P). **= HS** (Verbklammer: lag – zurück)

Der Hase (S) hatte (P) schon (ZE) das Ziel (O4) vor Augen (OE). **= HS**
Die Schildkröte (O4) konnte (P) er (S) nicht sehen (P). **= HS** (Verbklammer: konnte – nicht sehen)
Daher (BE) legte (P) er (S) sich (zu P) in den Schatten eines Baumes (OE). **= HS**
Die Sonne (S) schien (P) warm (AE) und das weiche Gras (S) war (P) angenehm (AE). **= HS + HS** Er (S) schlief (P) zufrieden (AE) ein (P). **= HS** (Verbklammer: schlief – ein)
Der überhebliche Hase (S) öffnete (P) die Augen (O4), gerade (ZE) als die Schildkröte (S) durch das Ziel (OE) ging (P). **= HS + GS**
„Langsam (AE) kommt (P) man (S) auch (AE) ans Ziel (OE)!", rief (P) die Schildkröte (S) dem Hasen (O3) zu (P). **= HS + HS** (Verbklammer: rief – zu)

151
1. Im Hauptsatz steht das Prädikat (Personalform) an 2. Stelle, er kann alleine stehen.
2. (Reine) Fallergänzung; Umstandsergänzung; Vorwortergänzung
3. Gleichsetzungsglied im Nominativ
4. Ort, Zeit, Grund, Art und Weise eines Geschehens
5. In der Frage „taucht" die Präposition auf.
6. Aussagesatz; Fragesatz; Aufforderungssatz
7. Konjunktionen drücken aus, welche Beziehung zwischen Wortgruppen oder Sätzen besteht.
8. Um nicht etwas wörtlich wiederholen zu müssen, verwendet man vorausweisende / zurückweisende Wörter. Sie stellen Sachzusammenhänge her.
9. Nein, es muss nicht, es kann aber ein Beistrich gesetzt werden.
10. Das Verb hat einen Verbzusatz. Eine mehrteilige Zeitform liegt vor.
    Ein Modalverb + Verb wird verwendet.

---

152 Was sagen die Leute
Vor langer Zeit lebte ein Vater mit seinem Sohn weit weg von den Menschen.
Als (GS + HS) der Sohn erwachsen war, hatte er **folgenden Wunsch (→)**: „Ich möchte mich in der Welt umsehen und (Infinitiv + Infinitiv) hören, was die Menschen über mich sagen."
Der Vater schüttelte den Kopf und (HS + HS ohne Subjekt) antwortete **darauf (←)**: „Wünsche dir das nicht, mein Sohn, denn (HS + HS) jeder Mensch sagt nämlich etwas anderes. Was du auch tust, nie wirst du es allen recht machen!"
Das (←) glaubte der junge Mann nicht, daher (HS + HS) bat er seinen Vater immer und (Adverb + Adverb) immer wieder **darum (←)**. Der Vater erlaubte **es (←)** dann doch einmal, und (HS + HS) so zogen sie hinaus in die Welt.
Der Vater schritt voran, der Sohn ging neben ihm. Der Esel, den sie am Halfter hielten, trabte hinterher.
Bald begegnete ihnen ein Bauer, der ihnen **folgenden Ratschlag (→)** gab: „Der Esel ist ein Reit- und Lasttier! Einer von euch sollte sich tragen lassen!"
„Der Mann hat Recht! Vater, steig du auf!", rief der Sohn guter Dinge.
So (←) geschah es. **Danach (←)** begegneten ihnen zwei Wanderer (HS). Diese griffen sich an den Kopf und (HS + HS ohne Subjekt) beanstandeten **Folgendes (→)**: „**Das (←)** ist ja eine Unverschämtheit (HS)! Der Alte reitet, und (HS + HS) den Jungen lässt er zu Fuß gehen!"

Daraufhin (←) tauschten die beiden beschämt die Rollen, sodass (HS + GS) der alte Mann hinter dem am Esel reitenden Sohn herlief.
Im Wald sahen sie eine Frau, die Holz sammelte. **Dort (←)** wurden sie erneut ermahnt: „Es ist eine Schande, dass (HS + GS + GS) ein Vater zu Fuß gehen muss und sein feines Söhnchen am Esel reitet!"
Darum (←) setzte sich der Vater zum Sohn auf den Esel, und (HS + HS) beide ritten weiter.
Bald darauf (←) überholte sie ein Pferdewagen (,) und (HS + HS) ein feiner Herr steckte seinen Kopf aus dem Wagen und (HS + HS ohne Subjekt) rief ihnen **folgende Warnung (→)** zu: „Der treue Esel wird bald eingehen, denn (HS + HS) er muss die schwere Last von zwei Personen schleppen. Ihr müsst ihn schonen!" **Mit diesen Worten (←)** warf er ihnen ein breites Leinenband aus dem Wagen zu und (HS + HS ohne Subjekt) war dahin.
Sie wickelten das Band um den Leib des Esels und (HS + HS ohne Subjekt) steckten einen dicken Ast hindurch, sodass (HS + GS) sie das Tier, jeder an einem Astende, tragen konnten.
So (←) schleppten sie ihren Esel ein paar Stunden bis zu einem Wirtshaus. **Dort (←)** saßen einige Leute und lachten laut, als (HS ohne Subjekt + GS) sie **das (←)** sahen. Sie fragten sich: „Warum reiten die beiden nicht und (HS + HS) tragen ihren Esel spazieren?"
Der Sohn wollte auf **diese Frage (←)** eingehen, aber (HS + HS ohne Subjekt) es kam schon ein **weiterer Vorschlag (→)**: „Wenn ihr schon nicht reiten wollt, dann (GS + HS) führt den Esel doch am Halfter hinter euch her!"
Auch **darauf (←)** wollte der Sohn eingehen, aber (HS + HS + GS) er erinnerte sich, dass sie so von zu Hause losgezogen waren.
„Kann man es den Menschen gar nicht recht machen?", fragte der enttäuschte Junge seinen schweigsamen Vater. „Nein, mein Sohn, **das (←)** kann man nicht, denn (HS + HS) allen Menschen recht getan, ist eine Kunst, die niemand kann!"
Mit dieser Erkenntnis (←) kehrte der Sohn zusammen mit seinem Vater in die gemütliche Hütte zurück.

---

153 Der leichtgläubige Dieb
Der Händler Mirko kam mit seinem Weib todmüde nach Hause und setzte sich auf einen Schemel, um sich die Stiefel auszuziehen.
Diese waren noch nicht von seinen Füßen gestreift, als er in der Nebenkammer ein verdächtiges Geräusch hörte.
„Ist da jemand an einen Stuhl gestoßen?", fragte sich Mirko und winkte seine Frau zu sich. Er legte den Zeigefinger auf seinen Mund und wies mit dem Daumen der anderen Hand in Richtung der Nebenkammer. Durch sein Mienenspiel zeigte er an, dass nebenan jemand sein müsse, wahrscheinlich ein Dieb.
Mirko war kein Held, er war aber schlau.
Plötzlich sprach er ziemlich laut zu seiner Frau: „Weib, hör zu, was mir heute Nacht passiert ist. Ich stand beim Fenster und sah in den Hof hinunter. Auf einmal klopfte mir jemand auf die Schulter, ich drehte mich um und sah einen Zauberer. Er flüsterte mir ein Verslein ins Ohr und versprach mir, dass ich vom höchsten Haus hinunterspringen könnte , ohne Schaden zu nehmen, wenn ich den Spruch

ganz leise vor mich hin sage. Sofort sprang ich aus dem ersten Stock hinunter in den Hof und landete weich und lautlos am Boden."
„Oh, das ist fein!", freute sich die Frau. „Du sagst mir aber diesen Spruch, denn sollte ich beim Putzen aus dem Fenster stürzen oder beim Wäscheaufhängen ausrutschen, so kann mir der Zauber helfen."
„Ja, mein liebes Weib, da hast du Recht!", bestätigte Mirko. „Also hör gut zu und merke dir den Zauberspruch:
Hutzlibuzli, großer Meister, hilf mir rasch aus höchster Not!
Lass mich landen ohne Schaden, wenn ich spring vom Fensterladen.
Hadschi, ladschi, batsch – mach, dass ich nicht hatsch!"
Kaum hatte Mirko seiner schmunzelnden Frau den Spruch langsam vorgesprochen, klatschte es unten im Hof (,) und gleich darauf hörte man lautes Wimmern. Mirko riss die Tür zur Nebenkammer auf und schaute beim offenen Fenster in den Hof hinunter.
Auf dem höckrigen Steinpflaster wälzte sich eine Gestalt und jammerte fürchterlich. Er rannte die Holzstiege hinunter, stürzte in den Hof und rief die Nachbarn zusammen. Dann packte er den dummen Einbrecher und entriss ihm lachend ein Bündel: „Ha, du Schurke! Alles, was in diesem Bündel ist, hast du mir gestohlen. Du glaubst dich auf Hutzlibutzli verlassen zu können, doch Gaunern und Dieben hilft er nicht!"
Zusammen mit den Nachbarn packte Mirko den geprellten Dieb (,) und die Männer brachten ihn in den Gemeindekotter.
Noch lange lachten sie über den einfältigen Einbrecher.